西南联大名师

艰苦岁月中的社会学先驱

潘乃穆 潘乃谷 ◎ 编著

云南出版集团公司
云南教育出版社

图书在版编目（CIP）数据

艰苦岁月中的社会学先驱 / 潘乃穆, 潘乃谷编著. --
昆明：云南教育出版社, 2011.10
（西南联大名师）
ISBN 978-7-5415-5783-5

Ⅰ.①艰… Ⅱ.①潘… ②潘… Ⅲ.①社会学家-生平事迹-中国-现代 Ⅳ.①K825.1

中国版本图书馆CIP数据核字（2011）第211686号

西南联大名师

艰苦岁月中的社会学先驱

潘乃穆　潘乃谷◎编著

出 版 人	李安泰
组 稿 人	杨云宝
顾　　问	沈克琦
	马建钧
责任编辑	李　旭
整体设计	高　伟
责任印制	张　旸
	赵宏斌

出版　云南出版集团公司 云南教育出版社
发行　云南教育出版社
社址　昆明市环城西路609号
网站　www.yneph.com
印刷　云南新华印刷实业总公司一厂
开本　787毫米×1092毫米 1/16
印张　8.75
字数　156 000
版次　2012年5月第1版
印次　2012年5月第1次印刷
书号　ISBN 978-7-5415-5783-5
定价　16.00元

总 序

历史赋予大学的任务是：传承人类千百年来积累的优秀文化遗产，创造新思想、新成果，培养出一代又一代能为国家乃至世界物质文明和精神文明的发展作贡献的人才。就国家范围看，各个高等学校的定位不同，类型、层次各异，承担的任务也不同，但在各自的领域中都能培养人才，推出成果。研究性大学承担着产生新思想、引领社会发展的重任，要做到这一点，必奉独立的精神、自由的思想为圭臬。

一所好的大学应拥有一批学术造诣深厚、富于创新和奉献精神的大师，通过他们的言传身教，形成学校优良的学术传统与学风。这种传统与学风的形成不但需要经过几代人的努力，同时还需要有一个良好的外部环境。这些外部环境包括：一套有利于学校自主发展的规章制度，一个宽松的学术环境。除此而外，学校主管领导服膺教育和科学发展的规律，按规律办事，不搞瞎指挥、追政绩、胡批判。只有如此，才能产生活跃的思想，才能聚拢一批敬业求真、严谨求实、相互尊重、和谐共事的同仁，为着一个共同的目标努力工作。由此可见，办好一所大学，外部环境与内部因素缺一不可。

国立西南联合大学是我国高等教育史上一颗璀璨的明珠。她的成就为我国学术界所公认，国际学术界也不乏赞誉之声。虽然西南联大仅存在了九个学年，且处于十分艰苦的战时条件下，能取得出色的成绩实有赖于北京大学、清华大学、南开大学三校的优良传统与学风，以及一批优良学风的传承者——优秀的教育家和大师。

西南联大在培育人才和科学研究方面成绩十分突出。据统计，西南联大的本科生、研究生和教师中，后来获得诺贝尔物理奖者有2人（杨振宁、李政道）；获得国家最高科技奖者有4人（黄昆、刘东生、叶笃正、吴征镒）；获得"两弹一星"功勋奖章者有8人（郭永怀、陈芳允、屠守锷、朱光亚、王希季、邓稼先，以及赵九章教授、杨嘉墀助教）；被评为中国科学院、中国工程院院士者有107人，另有4人被迁台的中央研究院评为院士（王宪钟、朱汝瑾、王瑞驺、刘广京）。1955年以后中国科学院停止了哲学、社会科学部学部委员的评选，否则出自西南联大文学院、法商学院的许多优秀人才也会进入这个行列。在科学研究方面，虽然受战时条件的限制，但文、理、法、工各科研究未曾中断，发表、出版论文著作数百篇（种），华罗庚、周培源、吴大猷、陈寅恪、汤用彤、冯友兰等人的研究曾在教育部学术评议活动中获一等奖。科学研究既包括传统学科的基础理论研究，也包括应用研究。工科的研究能结合战时的需要，生物、地质、社会等学科还就地开展资源和人文的调查研究，对云南省的开发与建设作出了重要贡献。

优良传统与学风的形成与三校的历史息息相关。北京大学的前身是1898年戊戌变法时成立的京师大学堂，这是我国第一所现代教育意义上的大学。我国文、理、法三方面的大部分学科是北京大学首先建立的。1917年蔡元培接任校长后，扫除旧风旧习，创新风、新制、新学，提倡学术自由，兼容并包，使学风丕变，引领全国。蔡元培到校后组织教授会、评议会，实行民主办学、教授治校，始终不辍。哥伦比亚大学博士蒋梦麟先生襄助蔡校长，后又接任校长，"蔡规蒋随"使北大的优良传统和校风得以赓续。

清华大学的前身是1911年成立的清华学堂，源于美国减赔退回部分庚子赔款之举。1907年清政府与美国达成协议，减少赔款，本利合计减赔款额2792万美元。双方商定此款项自1908年起按计划逐年（至1939年为止）由中方先付给美方，再由美方签退，专款专用，由共设的委员会管理，用于派学生赴美留学。1908年、1909年派送两批后，为使学生赴美能顺利就学，于1911年设立清华学堂（1912年更名为清华学校），对拟派出的学生先培训，再派出。毕业生抵美后经审查甄别可直接插班入大学学习。清华学校的性质决定了其教学应与美国大学衔接。1925年清华学校设大学部，培养四年制本科生。后清华留美预备教育逐步取消，庚款留美学生在全国范围内举行考试选拔。大学部成立后，不少留学生学成归来任教清华，使得清华很快就位于国内高校前列。梅贻琦两度赴美，先后获学士、硕士学位。他曾任清华大学教务长（1926年）、清华留美学生监督（1928年），1931年任校长。他洞悉美国教育及留学生情况，延聘良师，亦取教授治校的方针，组织评议会、教授会。清华有专项经费的保证，有派遣留学生之便利，优秀中学生争相报考，蒸蒸日上之势为国内所少见。

南开大学是教育家张伯苓创办的一所私立大学。他首先创办敬业中学堂（南开中学前身），梅贻琦就是敬业中学堂首届毕业生。张伯苓创办南开中学十分成功。创办前访日考察教育，后又为办大学两次赴美考察。1919年南开大学成立，张伯苓任校长。1928年张伯苓第三次访美考察高等教育并募款。他为办好南开大学殚精竭虑，成绩斐然。1937年南开大学已成为拥有文、理、商、经4个学院，15个系，学生500余人的一所具有特色的私立大学。

1937年7月7日"卢沟桥事变"后，7月底平、津先后陷落。8月28日教育部决定由三校联合组成长沙临时大学，并指定三位校长任长沙临大筹委会常务委员。梅贻琦立即赴湘落实建校任务，11月1日即开学上课。由于战火逼近武汉，1938年2月长沙临时大学决定西迁昆明。4月教育部电令，长沙临大更名为国立西南联合大学。因昆明校舍不敷应用，文学院、法商学院在蒙自分校上课一学期。1938年8月增设师范学院。1940年因日寇占安南（现越南），昆明吃紧，为防万一，于四川叙永设分校，一年级新生和先修班学生在叙永上课两学期。1941年后全校师生始稳居昆明。1946年西南联大宣布结束，三校北返。自1937年起学校几度播迁，师生艰辛备尝，均赖"刚毅坚卓"（校训）的精神顺利克服。

联大迁昆后全校校务主要由梅贻琦常委主持，蒋梦麟、张伯苓两位常委因在渝另有任务，遂派代表参加常委会。当时学校的一切重大事项均由常委会决定，遇有需向当局请示之事，蒋、张二人在渝折冲。

三校原来就有密切的合作关系，有共同的教育理念，三校校长都是深谙高等教育规律的教育家，在本校均有很高的威望。因此，三校的联合可谓珠联璧合，相得益彰。三位常委相互信任，合作无间，与联大师生一起继承和发扬三校的优良传统和学风，共同谱写了我国高等教育史上的光辉篇章。

西南联大全校共设5个学院，26个系。

文学院：中国文学系、外国语文学系、历史学系、哲学心理学系。

理学院：算学系、物理学系、化学系、生物学系、地质地理气象学系。

法商学院：政治学系、经济学系、法律学系、商学系、社会学系。

工学院：土木工程学系、机械工程学系、电机工程学系、航空工程学系、化学工程学系。

师范学院：国文学系、英语学系、数学系、理化学系、史地学系、公民训育系、教育学系。

西南联大继续秉承"民主办学、教授治校"的方针，《教务会议致常委会文》和《训导处工作大纲》充分体现了教授们的办学思想。

1939年教育部连下训令三件，对大学应设课程、成绩考核均作详细规定，并要求教材呈部核示。联大教授对此颇不以为然，给常委会发文，请转呈教育部。大意摘录如下：第一，"夫大学为最高学府，包罗万象，要当同归而殊途，一致而百虑，岂可以刻板文章，勒令从同。世界各著名大学之课程表，未有千篇一律者，即同一课程各大学所授之内容亦未有一成不变者。惟其如是，所以能推陈出新，而学术乃可日臻进步也。如牛津、剑桥大学，在同一大学之中，其各学院之内容亦各不相同，彼岂不能令其整齐划一，知其不可亦不必也"。第二，"教育部为最高教育行政机关，大学为最高教育学术机关，教育部可视大学教学研究之成绩，以为赏罚殿最，但如何研究教学，则宜予大学以回旋之自由"。文中认为，教育部有权，大学有能，"权能分治，事乃以治"，"权能不分，责任不明"。第三，"当局时有进退，大学百年树人，政策宜常不宜变"。不能因部中当局之进退，朝令夕改。第四，"教育部今日之员司，多为昨日之教授，在学校则一筹不准其自展，在部中则忽然智周于万物，人非至圣，何能如此"。第五，全国公私立大学程度不齐，教育部欲树一标准，亦可共谅，但西南联大承三校之旧，均有成规，行之多年，"纵不敢谓极有成绩，亦可谓当无流弊，似不必轻易更张"。呈文送上后，教育部未下文批评，只表示收到此文，默认西南联大可照旧行事。实际上西南联大一门课程可由几位教授讲授，内容不一，百家争鸣，优点十分突出。

在育人方面，西南联大亦有独特之处，抵制党化教育，采取教书育人、启发引导之法。1939年11月7日《训导处工作大纲》中规定："本校训导方法，注重积极的引导，行动的实践；对于学生之训练与管理，注重自治的启发与同情的处理，以期实现严整的生活，造成纯朴的风气。""目标是：其一，力求北大、清华、南开三校校风之优点在联大有表现机会；其二，就学生日常团体生活，培养互助为公之团体精神；其三，促进学生对于时代的觉悟，与对于青年责任之认识，以增强其参加抗战建国工作之志向与努力。"大纲还强调"注重学校事务之教育价值"，大学教务、训育、总务等各个部门都应担负育人之责。基于以上原则，学校对学生的管理侧重引导、培养，而不是"管"和"罚"，提倡自治，提倡开展社团活动（学生组织学术性、政论性、文艺性的壁报社，组织体育会、歌咏队、剧艺社、诗社等等，只要学生提出事情，且聘请一位教授任导师，训导处一律予以批准）。因此，校园气氛十分活跃，学生的德、智、体、群各方面得到全面的培养。

传承和发扬三校优良传统和学风的主体是教授。曾在西南联大各系担任过教授职务的有269人。三校教授汇聚一堂，加上抗战时期从国外学成归来的青年学者，形成了一个老中青结合、人才济济的群体。在他们之中有学富五车的国学大师，有在国外留学多年、学术造诣深厚的学者，有我国近代科学和高等教育的奠基人及各学科的带头人，有掌握国外科学前沿知识、学成归国的青年教授。这样一批人登上西南联大的讲坛，联大学子在他们的言传身教下耳濡目染，加上本人的勤奋努力，人才辈出是顺理成章之事。

  云南教育出版社组织出版"西南联大名师"，以学科为单位扼要介绍各位教授的生平、学术成就、育人贡献及道德风范，我认为是一项很有意义的事。近年来，社会上赞扬西南联大，倡导学习西南联大者甚众，这一书系为此提供了具体生动的教材。鉴于西南联大的教授在校时间差异很大，成就大小亦不相同，有些原始资料收集难度很大，因此，书系中未能收录所有教授。在入选的教授中，各篇文章的篇幅并未强求一致，只要言之有物、符合史实即可，这也是秉承西南联大的一贯作风。

沈克琦
西南联大北京校友会会长
原北京大学副校长
西南联大物理系1943届毕业生
2011年1月6日

陈 达　潘光旦　李景汉　陈序经
吴泽霖　陶云逵　费孝通

目　录

前言 / 1

社会学家、人口学家陈达 / 6
一、小传 / 7
二、陈达的教育思想和治学精神 / 14
三、国情普查研究与《现代中国人口》/ 16

社会学家、教育家潘光旦 / 19
一、小传 / 20
二、《潘光旦图传》序（节录）/ 24
三、西南联大：学术人生的转折（节录）/ 28

社会学家李景汉 / 41
一、小传 / 42
二、李景汉老师与中国社会调查 / 45
三、学习李景汉老师做社会调查工作 / 46

社会学家、教育家陈序经 / 52
一、小传 / 53
二、学术评传 / 62

社会学家、人类学家吴泽霖 / 71
一、小传 / 72

二、吴泽霖教授二三事 / 82

人类学家陶云逵 / 85
　　一、小传 / 85
　　二、忆陶云逵教授（节录）/ 95
　　三、孜孜方竟鸡卜篇（节录）/ 97

社会学家、人类学家费孝通 / 102
　　一、小传 / 103
二、志在富民——费孝通老师的革命人生 / 107

前 言

抗日战争前，清华大学设有社会学系，北京大学和南开大学没有社会学系，而开有社会学课程。长沙临时大学时期，社会学系与历史系合并为历史社会学系，属文学院。1940年6月社会学系、历史系分别独立成系，由陈达教授任社会学系主任，仍属文学院，1941年改属法商学院。1943年8月，陈达辞去系主任之职，由潘光旦继任，直到三校复原。

西南联大社会学系的教师队伍由清华大学社会学系和南开大学同专业的教师组成，师资力量得到加强，队伍比较稳定。教授多为社会学方面国内外知名学者。到联大后期，系里的教授有陈达、潘光旦、李景汉、陈序经、吴泽霖、李树青、陶云逵、费孝通，兼任讲师瞿同祖，教员与助教有苏汝江、晏升东、史镜涵、李植人、袁方、徐先伟、全慰天等。

抗日战争时期，又增设了和社会学系联系密切的两个研究机构。清华大学在离昆明不远的呈贡成立了国情普查研究所，所长由社会学系主任陈达教授兼任。该所的主要任务是为国家在战争时期及战后时期制定"适合国情、通盘周密的统计计划与国策"提供社会情报，并提供理论根据与技术经验。该所主要进行了人口普查、户籍登记、人事登记等调查工作。南开大学于1942年成立边疆人文研究室，主任由社会学系教授陶云逵兼任，从事少数民族语言文学、人文地理、自然环境和社会的调查。

西南联大社会学系的课程设置：按照学校统一规定，本科学生四年中必须修满132个学分方能毕业。学校开设的课程分必修、选修两种。必修课程中包括法商学院必修的课程和本系必修的课程。这方面的课程需修满92个学分。

同各院系一样，社会学系很重视基础课，并且要求学生有宽广而深厚的知识领域。文法学院共同开设的必修课有10门都在一、二年级修，即大一国文（包括作文）、大一英文、中国通史、逻辑、西洋通史、哲学概论、社会学概论、经济学概论或政治学概论、普通生物学和统计学。社会学系开的必修专业课计12门，其特点是联系社会实际，既有理论基础，又有翔实的社会调查资料以分析阐明所提出的问题。这些课程是社会学原理、初级社会调查、社会机关参观、人口问题、人类学、高级社会调查、劳工问题、社会研究法入门、西洋社会思想史、中国社会思想史、社会制度、社会心理学。

社会机关参观和初级社会调查这两门课特别体现社会学联系实际的特色。一年级时学生修了社会学概论，已为社会机关参观做好了准备。这门课完全摆脱了校内课堂教学，一般定在星期六下午进行，由副教授或讲师、助教一人负责。他事先拟订一个全年参观计划，每周再和所要参观的机关具体联系妥当，到时即领队前往。到达后，先由机关的负责人员介绍情况，然后进行参观访问。每人必须在参观后一周内上交一份至少两三千字的报告。参观机关的范围非常广泛，如工厂、商店、集市、监狱、妓院等。一年参观下来，每人的确都对现实的社会增加了许多感性认识，增强了分析问题和运用文字表达的能力。初级社会调查一课，由李景汉教授开设。每年开学后，他开始进行数周的课堂讲授，然后即与每一选修学生分别商定调查题目及纲要，再由学生自己按纲要进行调查访问，对材料进行整理分析，于暑假前上交调查报告，让学生在社会机关参观的基础上得到进一步锻炼。

修满必修课程以后，学生自由选修其他课程，选修课须满40个学分。系里开设的选修课程反映了教师们的研究工作成果，因而门类甚多，内容丰富，还随形势变化而有所增减。联大时期开有劳工问题、华侨问题、文化学、优生学、人才论、家庭问题、儒家社会思想、乡村社会学、社会变迁、社会制度、犯罪学、体质人类学、西南边疆、民族学、社区研究、社会运动、社会立法等。

教师所负担的教学工作及研究重点各不相同，但大家在学术思想方面还是相通的，有共识的。开设社会学以及社会系的目的无非就是：了解社会，改造社会。因此大家在了解和改造中国社会的总问题上，本着求同存异原则，大约有以下共同认识：在人口数量方面主张节制生育，在人口质量方面主张实行优生优育，在城市经济方面主张实行工业化和现代化，在乡村经济方面主张发展农业和农业以外的家庭工业和乡村工业，在家庭方面主张实行既养老又养小的折中家庭制，在文化教育方面主张兼容并包、百家争鸣、不同而和等等。这些共识是非常明确的，这些共识也可说就是大家当时的救国主张。教授们在贯彻"通才教育"、加强基础训练和注重社会调查的原则下，发挥各自专长，在抗日战争那样艰苦的环境中，不但每人一般都讲授三门课程，还出版了有影响的著作。如陈达讲授人口问题、劳工问题、华侨问题，著有《南洋华侨与闽粤社会》、《Population in Modern China》、《浪迹十年》。潘光旦讲授中国社会思想史、西洋社会思想史、优生学、家庭问题、人才论、儒家社会思想，著有《优生与抗战》、《中国伶人血缘之研究》、《自由之路》。李景汉讲授初级社会调查、社会机关参观、社会研究法，著有《中国农村问题》。陈序经讲授社会学原理、文化论、华侨问题，著有《暹罗与中国》、《乡村建设运动》、《疍民的研究》、《文化学概观》。吴泽霖讲授人类学、高级社会学、犯罪学，著有《炉山黑苗的生活》。李树青讲授社会制度、乡村社会学、社会变迁，著有《蜕变中的中国社会》。陶云逵讲授体质人类学、西南边疆社会，著有《大寨黑夷之宗教与图腾制》、《西南部族之鸡骨卜》。费孝通讲授社会制度、民族研究、社区研究，著有《禄村农田》、《内地农村》、《乡土中国》、《生育制度》等。

两个研究机构中，还有些个人研究项目，如：呈贡县社会组织（肖学渊），呈贡县汽车路的研究（罗振庵），各国及中国人口普查方法的研究（何其拔），我国战时移民运动与社会变迁（黎宗献），我国人事登记制度的研究（戴震东），农民家庭的出款及入款（李舜英），昆阳农民的阶级流动性（周荣德），云南个旧锡业的调查（苏汝江），仲家族（今布依族）语言研究（邢公畹），彝族语言研究（高华年），撒尼与阿细人的体质研究（黎国彬）等。

英国社会人类学家莫里斯·弗里德曼（Mauris Freedman）曾经评论说，在第二次世界大战前除北美、西欧外，中国是社会学最兴旺的地方，至少在学术质量上是较高的。他所提到的中国社会学者中多人抗日战争时期就在西南联大任教，在学术方面取得了进一步的成绩。如陈达、李景汉等领导的清华大学国情普查研究所人员，在昆明附近数县，严格运用了现代人口普查方法，结合中国国情及地区特点进行了户籍普查与人事登记工作，取得了可靠的调查结果。在此基础上，陈达在参加美国普林斯顿大学建校二百周年纪念学术研讨会上发表了研究论文（后写成《现代中国人口》一书出版）。美国社会学家乌格朋（W.F.Ogburn）称之为"开中国现代人口普查之端"，"这是一本真正以科学态度论中国的书"，"中国人口学上有一本好的著作，是一件值得夸耀的事"。

陶云逵、费孝通等将人类学的实地调查方法用于社会调查，对西南边疆少数民族以及农村社区进行深入调查研究，取得了不少成绩。陶云逵深入交通不便、瘴疫流行的少数民族地区进行社会经济、语言文化、民俗宗教等开拓性的调查，为战争时期的需求、为边疆社会的发展服务，终因积劳成疾，贫病交加，以致英年早逝。

总之，西南联大时期，虽然处于抗日战争的艰苦条件之下，社会学系的教学和科研仍然取得了很大的成绩，尤其是在联系中国社会实际方面有显著进展。正如费孝通所说：中国社会学进入了八年的战争时期，已有了重要的迈进，向着方法的科学化、问题的具体和实际化的路上迈进。

梅贻琦有一句名言："所谓大学者，非有大楼之谓也，乃有大师之谓也。"社会学系也主要是依靠社会学系的几位著作甚多的"大师"主持着的。在此同时，他们的品德，也是很受全系师生尊敬爱戴的，他们身教的影响更大于言教的影响。吴泽霖教授说过，衡量一个人的一生事业有一架天平，就是说你受之于社会的有多少，贡献给社会的又有多少。费孝通教授称之为"人生的天平"，并说上一辈学者把个人放进历史和社会的天平上来衡量自己，这种历史观和社会观，这种思想境界，是推动那一代人才辈出的力量。

系内的学术自由空气浓厚，师生关系融洽。系学生会在联大民主墙上主办的壁报《社会》，可以说是全系师生经常开展百家争鸣的园地。同时联大校园内的演讲会、讨论会多不胜数。社会学系学生会也常举办这样的演讲会、讨论会，每次选题都是大家广泛关心的、感兴趣的，如家庭问题、现代化问题等，并请教授做专题演讲，随后大家讨论，时常争辩激烈，情绪高涨。通过这类活动，师生增加了相互了解，也增长了知识和智慧。

从1938年至1946年，社会学系共毕业了本科生90人、研究生6人。社会学系规定，本科生必须上交毕业论文一篇，成绩及格者方能毕业。学生的论文题目甚广，但大多是有关当时社会状况的社会调查报告，例如1943级毕业生14人的论文题目为：沈瑶华、常绍美的《昆明纱厂与劳工》；陈誉的《茨厂劳工》；陈道良的《云南纺织厂劳工调查》；萧远浚的《昆明市21个商业同业工会的研究》；全慰天的《昆明市27个手工业行会之研究》；白先猷的《昆明市26个同业工会的研究》；虞佩曹的《昆明市离婚案件之分析》；朱鸿恩的《昆明市16个职业工会的研究》；廖宝昀的《昆明市社会救济事业之研究》；刘懋修的《联大同学消闲生活调查》；赖才澄的《昆明县大普吉农村社会调查》；徐先伟的《路南县尾则夷族之生活概况》；柯化龙（不明）。

易社强（John Israel）在《联大》一书中说：社会学系在陈达、潘光旦和同事们各自不同的学术方向与治学方法的相互影响下，它的课程形成理论社会学、应用社会学和人类学三部分。把它们联系和结合在一起的是共同的课目，这些课目引导学生通过四个阶段实践社会调查：第一，通过社会学原理基础课和社会机关参观，初

艰苦岁月中的社会学先驱

陈 达　潘光旦　李景汉　陈序经
吴泽霖　陶云逵　费孝通

步训练学生如何确定自己观察的目标和范围；第二，修统计学和社会研究方法课，训练学生怎样收集资料；第三，通过社会调查实地工作，学习怎样分析和整理资料；第四，完成社会调查报告或论文。联大社会学系的课程比较战前清华社会学系的课程有所扩充，比较当时教育部定的课目表则更为灵活，必修课比规定少，而选修课学分增加。易社强还说，联大社会学系本以陈达的严谨的方法论和潘光旦的创造力为特征，1944年费孝通由云南大学转入联大，更增加了学术上的活力，使联大社会学系成为战时中国的一种学术模式，其成就给人以深刻的印象。

遗憾的是1952年院系调整时，取消了社会学这门学科，如费孝通教授所说："社会学作为一门学科，中断了20多年。而且正中断在它刚刚自觉地要改造成一个能为中国人民服务的学科的时刻。"此后社会学系许多毕业生未能从事社会学方面的教学科研工作。所幸1979年社会学学科得以恢复重建，曾在西南联大任教的费孝通、袁方、全慰天等教授在继承西南联大精神和建立"植根于中国土壤之中"的社会学方面都做了大量的工作，起到了承前启后的作用。西南联大社会学系的校友仍然是一支骨干力量，据不完全统计，担任教授、研究员或部级以上领导的约有30人。

本书的编法是从每位名师的现成的各种传记资料中选择一篇介绍其生平及学术成就较为全面的小传编入本书，陈序经、陶云逵两篇小传是由南开大学校史研究室梁吉生教授新作。在小传之后辅以一两篇西南联大校友的回忆文字或其他作者的评论文字，虽然文章的体裁各异、长短不一，目的在于更具体生动地体现各位名师在西南联大时期的学术思想、学术活动和教学实践。所选编之文基本保持作者原题目不变，文后载明原作者姓名。又在每位名师章前和章末附列名师个人简历和主要论著，以便查阅。[a]

西南联大社会学系1942年毕业班师生合影。第一排左起：李景汉、潘光旦、陈达、陈序经、吴泽霖教授。

---

① 《前言》主要资料来源：（1）袁方等：《清华、联大社会系系史》，《社会学与社会调查》，1992年第2期。（2）西南联合大学北京校友会编：《国立西南联合大学校史》（修订版），北京大学出版社，2006年版。（3）陈达：《现代中国人口》（英文），芝加哥大学出版社，1946年版。（4）费孝通：《费孝通文集》（1~14卷），群言出版社，1999年版。（5）易社强（John Israel）：《联大：战时的一所中国大学》（英文），斯坦福大学出版社，1998年版。——编者注

社会学家、人口学家陈达

陈达（1892~1975），字通夫，浙江余杭人。

1916年，毕业于清华学校高等科。

1918年，获美国俄勒冈州波特兰市立德学院学士学位。

陈达

1919年，获美国哥伦比亚大学硕士学位。

1923年，获美国哥伦比亚大学博士学位。

1923年8月，回国受聘为清华学校社会学教授。

1926~1952年，清华大学社会学系教授，1926~1943年兼任系主任。

1937~1946年6月，西南联合大学社会学系教授，其间1940~1943年兼任系主任。1939~1946年，兼任清华大学国情普查研究所所长。

1947~1949年，国际人口学会副会长。曾为国际统计学会会员、太平洋学会会员兼东南亚部负责人。

1948年，中央研究院院士。

1952年，中央财经学院劳动经济专修科教授。

1953年，中国人民大学劳动经济专修科教授。

1954年，国务院劳动部北京劳动干部学校教授兼副校长。"反右"运动中被错划为右派分子。

1959年起，任第三、四届中国人民政治协商会议全国委员会委员。

1975年1月16日逝世，享年84岁。

陈 达　潘光旦　李景汉　陈序经
吴泽霖　陶云逵　费孝通

一、小传

（一）从家乡到留学美国

陈达，字通夫，1892年4月4日出生于浙江省余杭县东乡里河村的一个农民家庭。其父母均不识字。

1899年，7岁时，开始在里河村的私塾读书。14岁，到离家约十余里的县城，进入刚创办的高等小学读书，三年后毕业。

1909年，17岁，由于高小毕业成绩优异，由学校保送到浙江省城杭州府中学堂读书，并跳班插入初中二年级。

1911年，19岁时，在杭州考上清华学校。次年，离开家乡北上。

清华学校这时刚刚成立。学校特别重视英文训练，对其他课程的要求也很严格。在校除书籍及洗衣费需自理外，其余都是公费。陈达在校学习四年，于1916年毕业于清华学校高等科。同年，由清华公费保送美国留学。

陈达先插班入俄勒冈州波特兰市(Portland)的立德学院读书，于1918年毕业，得学士学位。后又入纽约哥伦比亚大学研究院，于1919年得硕士学位，后又在社会学大师乌克朋（W.F.Ogburn）指导下攻读博士学位，1923年夏获哲学博士学位。在学习期间，曾作为实习生担任过美国劳工统计局职员。

1923年秋，受清华学校聘请，陈达回国在母校任教。

（二）创业清华

清华学校教员这时实际上是分为中国国文教员、中国西文教员和美国教员三部分。美国教员约占全体教员人数的一半以上，他们在美国多数是中学教员和刚毕业不久的大学生，但在清华却享有特殊的生活待遇，月薪比西学部的中国教员高出一倍左右，比国学部的教员则高出两倍甚至四倍左右。他们住在学校北院被称为"美国地"的专门西式寓所。1922~1924年，一批在美国取得学位的清华留美生陆续回校任教，陈达就是这些回校任教的教师之一。

1925年9月清华学校增办大学部，开始由一所留美预备学校逐步向完全的综合性大学过渡。1926年，大学部共设立了17个系，其中已开出课程的有11个系，还不能开出课程的有6个系,社会学系便是其中之一。

清华大学社会学系成立于1926年。早在五四运动前夕,美国教员狄德莫(C. G.Dittmer)就在清华学校开出了社会学的课程。大革命初期(1924年)美国纽约社会及宗教研究所鉴于对中国社会经济情形系统的研究尚不够发达,拟开一研究所,遂派遣美克尔博士(Dr. Meeker)来华,与各方面商洽,并聘请了清华学校社会学教授陈达等人为筹备委员到各地调查。在调查结束后,决定创设一些社会学系,清华成立的社会学系是其中之一,陈达便担任了系主任的职务。

社会学系成立初期,仅有陈达教授一人,其任务是专为各系讲授社会学。1928年,学校当局确定该系"社会学与人类学并重的原则",改名为社会人类学系。1930年始增聘教授、续招新生、扩充课程,并按课程性质分为理论社会学、应用社会学、人类学三组。1932年又更名为社会学及人类学系。1933年增设社会学研究部,1934年研究部撤销,恢复社会学系原名,至此社会学系才大致定型。系里每年学生不过3~5人,教授除陈达外,1931年请来吴景超。吴景超1915年考入清华学校,1923年留美,1925~1928年在芝加哥大学师从社会学家R. E. 派克、E. W. 伯吉斯等,获硕士、博士学位,1928年回国曾任南京金陵大学社会学系教授兼系主任,主要进行城市社会学研究。1934年系里请来潘光旦。潘光旦1913~1922年在清华学校学习,1922~1926年留学美国,最后在哥伦比亚大学研究院学动物学、古生物学、遗传学,获硕士学位,1926年回国,曾任上海吴淞政治大学教务长、光华大学文学院长等。1935年又请来李景汉。李虽不是清华学校毕业,但也从清华得到留美公费补助,在美国时潘、李两人彼此早就熟悉。李是美国加利福尼亚大学硕士,来校前是晏阳初倡办的河北定县平民教育实验区调查部主任,专门从事社会调查的研究。此外,系里尚有俄籍教授、体质人类学家史禄国(S. M. Shirokogoroff),其余尚有讲师3人、助教2人。

社会学系在系学生由1928年度的1人,发展到1935年度的34人。至1936年度,共毕业学生六届33人、研究生1人(费孝通)。

(三)劳工、人口、华侨三书奠定了陈达毕生事业的基础

陈达在美国哥伦比亚大学研究院攻读博士时,即开始涉猎劳工问题。当他在美国劳工统计局实习时,往往忙里偷闲,试作一些关于中国劳工问题的文章,得到该局局长E. 司徒(Ethelbert Stewart)的鼓励与帮助,有些文章发表在该局出版的《劳工评论月刊》(Monthly Labor Review, U.S. Bureau of Labor Statistics, Washington)上,从而使陈达在大学所学的业务知识得到联系实际的应用和训练,促成他对劳工问题

产生浓厚的兴趣。他回国任教清华学校，在讲授社会学原理之暇，进而从事搜集劳工问题的资料。1926年夏，他开始整理、修改旧材料，增加新材料，在吸收国内外发表的单篇文章的基础上逐渐成书，于1929年在商务印书馆出版，书名《中国劳工问题》，这是他成名的第一本书。

陈达的第二个主要研究领域是"人口问题"。从1924年起，在清华授课时，他在社会学原理中注重讲授人口理论，自1926年以后，将人口问题另立一课，每年搜集材料，编印讲义，经过几次修改，渐成系统，于1932年春开始编排材料，逾两年编成《人口问题》一书。他自谦地说："本书不过是研究进行中的一个工作报告，著者的努力是继续前进的。"[①]这是他成名的第二部著作。

陈达的第三个主要研究领域是"华侨问题"。他曾是太平洋学会会员兼东南亚部负责人。1933年在加拿大的班夫(Banff)召开的太平洋国际学会上，国际研究委员会拟订了一个关于生活程度的具体研究计划，希望各会员国努力合作。中国太平洋学会选定移民为研究问题之一，陈达应约负责进行南洋移民问题的调查与研究。太平洋学会与清华大学合作，清华同意陈达请假一年，薪金照给，作为清华对于该会的捐款。陈随即拟就研究计划，在上海约学者十余人讨论，并在太平洋学会总会研究干事W. Holland和Bruno Lasker先生及太平洋学会干事刘驭万等参与下，通过执行计划，组成调查团，陈任团长。调查团于1934年夏季开始在厦门、泉州、漳州、广州以及广西华侨家庭中进行调查访问，然后去东印度群岛、马来西亚、暹罗(泰国)、西贡(今胡志明市)等地调查，历时一年，然后完成《南洋华侨与闽粤社会》一书，于1938年由商务印书馆出版。这是陈达成名的第三部书。从此，陈达成为国内外这三个方面研究的权威学者，这三方面的研究成果也是他在校进行讲授的三门主课。

除了进行华侨情况调查外，在清华授课之余，陈达还进行过不少调查：首先是对校内141名工人生活费用的调查；其次是1925年指导学生，在清华附近成府村调查91户家庭居民生活；1931年，又在上海进行"选样工厂调查"，其中包括民族资本的工厂，也包括美国、日本、丹麦、意大利等外国资本所办的工厂。以上各种调查，有的写成文章，登载在校刊上，有的向政府反映，提出许多改进工厂安全和卫生的建议。

1935年夏至1936年夏，陈达休假一年，前往欧洲游历。先是经西伯利亚到苏联，在苏联七个星期，专门研究工人及农民的生活。除考察市场状况外，还参观托儿所、文化院、戏院、博物馆、法院、学院、医院、教堂、公园、感化院、政府机

[①] 陈达：《人口问题·序》，商务印书馆，1934年版。

构、工厂、农场等。然后去欧洲其他国家游览。

（四）八年抗战，深入实际，认识中国

1937年七七事变，日本帝国主义发动全面侵华战争。从此，中国进入抗日战争时期。战争一起，北平陷入战争状态，清华园一片混乱，师生逐步迁入城内。陈达一家除陈外，有夫人姚梧荪、长子旭人、次子旭都、女儿旭清及仆人傅妈。7月27日陈家迁入城内骑河楼清华同学会宿舍，后又辗转搬入中央饭店、总部胡同等处。陈日夜赶校《南洋华侨与闽粤社会》中文书稿，并初步完成英文书稿，书名《南华迁民社区》，后在美出版[①]。

1937年7月29日，北平沦陷。9月21日，日军进入清华大肆劫夺。8月，国民政府命清华、北大、南开三校在湖南长沙合组临时大学。陈达11月10日独自一人先离北平去长沙，家眷暂留北平，随后南下。陈自返国后任教清华14年有余，一旦孤身离开，顿感无限凄凉，虽沿途多有同事伴行，各站都有清华办事处人员招待，仍不免若有所失。沿途经天津、上海再乘船逆江而上，经武汉，11月30日乘火车抵长沙。12月2日即开始在圣经学校新校址上课，仍讲授劳工及人口问题两门课。

1937年底，战火逼近长沙，学校遂决定西迁昆明。1938年2月临大第一学期结束……

1938年4月，师生抵达昆明。5月4日，1937年度第二学期开学，校名改称国立西南联合大学。西南联大原设历史社会学系，1940年改为历史学与社会学分别独立成系，社会学系属文法学院。

陈达1938年1月乘学校包车，经广州抵香港，再乘船去越南，转赴昆明。5月，西南联大文法学院在蒙自开课，陈仍讲授劳工与人口问题两门课，一学期后又迁

1937年清华大学社会学会成员合影，前排左四李景汉、左五陈达、左六潘光旦

---

① Emigrant Communities in South China, Shanghai, Kelly and Walsh 1939, New York, 1940.

回昆明。自1938年至1946年，联大在昆明市西北角新校舍及租用的当地中等学校校舍，弦歌八年，教师及少数学生则散居于附近民房。

1939年6月底，陈赴上海接家眷。9月与夫人梧荪并子女旭都、旭清一同返昆明。陈达在联大除讲授劳工与人口问题两门课，还增开了华侨问题，教材基本上是根据《南洋华侨与闽粤社区》一书。

1939年8月，以清华经费在昆明成立清华大学国情普查研究所，陈达任所长，李景汉任调查主任，戴世光任统计主任。研究所先设在联大附近的青云街，后因昆明遭日机轰炸，迁至昆明东南郊的呈贡县文庙，至1946年6月结束。期间研究所进行了呈贡县人口普查、昆明等环湖四县"户籍示范实验"、人事登记、开办训练班及工农业调查等活动。

在联大期间，1940年重庆国民党政府成立社会部。联大社会系与社会部订立了合作计划，直接承担一些社会行政工作和研究工作。陈达以个人身份参加政府召开的有关会议，并兼任一些职务，如社会行政计划委员会和人口政策委员会委员，还在各种社会行政训练班讲授社会调查等课程。陈达还根据国情普查资料完成了《现代中国人口》的英文著作，并在美国发表。

1943年，陈妻梧荪患胃炎，卧床不起。因物价飞涨雇不起保姆，陈过于劳累，又由于用脑过度患了神经衰弱，几度昏厥。为了减轻往返昆明、呈贡两地的劳瘁，陈达于10月请病假休息一学期，并辞去社会系主任职务，由潘光旦继任。以后，陈达每隔一周去昆明上课三天。

1944年，陈达应乌克朋推荐，在美国发表人口问题研究报告，刊载于美国《社会学》杂志1946年7月号，即后来成书发行的《现代中国人口》的初稿。

1945年初，太平洋学会将在美国弗吉尼亚州温泉开会，陈应约撰写《战时国内移民运动及社会变迁》论文一篇。

1945年8月，抗日战争胜利结束。1946年5月，西南联大也正式结束使命，三校复员。清华师生于8～10月全部回到北平清华园，陈达随师生回清华园。清华于1946年10月10日开学，11月5日上课。社会学系仍属法学院，潘光旦任系主任。许多系由于三校分开教师力量不足，而社会学系由于原来只有清华设置，教师阵容未受复员影响。同时，由于吴景超、费孝通也来清华，更具声势，课程门类也有增加。陈达仍继续讲授劳工、人口问题。

1948年，陈达被评为中央研究院首届院士，1947～1949年任国际人口学会副会长。他还是国际统计学会会员、太平洋学会会员兼东南亚部负责人。

（五）献计献策，蹉跎余生

1948年底，陈达是在清华大学与张奚若、潘光旦、费孝通等教授以及全校师生一起积极迎接解放的。临解放前夕，国民党政府曾想用飞机把他接走，但被拒绝。解放后，他在努力学习马列主义、毛泽东思想的基础上，继续研究人口问题和劳工问题，先后完成了《解放区的工人生活状况》、《抗日战争和解放战争时期工人运动史》等著作和其他论文。

1952年院系调整，清华被调整为综合性工业大学，原文、理、法各系被调整到有关院校。陈达遂离开清华，先是任中央财经学院劳动经济专修科教授。这个学院一年后停办，他又转任中国人民大学劳动经济专修科教授。1954年，他开始任劳动部北京劳动干部学校教授兼副校长，至1957年"反右"斗争为止。

从1952年到1957年，是陈达晚年生活中最为动荡的一页，具体情况简述如后。

1956年，世界局势发生重大变动，中国也呈现出新的形势。党的八大制定了社会主义建设方案，"百花齐放、百家争鸣"的双百方针正式公布，文化、艺术、科学、思想理论界都出现了生动的气象。这时，最早取消社会学并为中国所效法的苏联，出现了恢复社会学的迹象。1956年，苏联派出代表团参加在荷兰举行的第三次国际社会学大会，而新中国也胜利地实现了"三大改造"和第一个五年计划，全国呈现一片生机勃勃的热烈景象。毛泽东于1956年至1957年，连续发表了《论十大关系》、《关于正确处理人民内部矛盾的问题》等有名的报告，于是在中国兴起了一阵恢复社会学的浪潮。先是人大教授吴景超发表了《社会学在新中国还有地位吗？》，接着中宣部召开恢复社会学的座谈会。中国科学院社会科学部等也多次召开关于恢复社会学的座谈会，并且具体内容多是讨论人口问题。

人口问题之所以成为当时恢复社会学热潮的中心问题，其背景是早在革命战争年代，我解放区党、政、军、民各系统的男女干部，就曾为适应战争环境，保护战斗力，保护妇女与儿童的健康，试行过某种避孕手术。全国解放之后，从三年经济恢复时期到第一个五年计划的胜利完成，广大妇女随着生产的发展，参加劳动生产的人数越来越多；其中许多已婚妇女面对着既要参加工作，又要兼顾家务劳动和照料儿童的矛盾，纷纷发出要求少生孩子的呼吁。特别是1953年举行第一次全国人口普查后，摸清了我国人口总数达六亿之巨。此时，人口生产必须有计划地进行，已经成为合乎人情、顺乎世理、势在必行的事了。

正是在上述历史背景下，周恩来总理体察民情，心怀国事，及时指示国家卫生部门，要在医药卫生方面采取积极有效的措施，适应广大劳动妇女节育避孕的需要，妥善保护妇女和儿童的健康，从而使医药卫生工作努力为发展两种生产事业服务。1956年，党的八大作出了要发展生产力的决定之后，1957年2月，毛泽东又在最高国务会议上，接受了邵力子、马寅初以及陶孟和等关于提倡节制生育和晚婚的建议，决定建立人口研究委员会和人口问题研究所。

1957年2月15日在北京西城陈达住所，由北京劳动干部学校校长罗青主持，召开了一次人口研究座谈会，参加人员有中国人民大学、南开大学、中央民族学院、北京政法学院和中国科学院、公安部、卫生部、国家统计局等有关单位的专家、学者、干部共40余人，参加座谈的还有《人民日报》、《北京日报》、《光明日报》、《青年报》、上海《文汇报》记者。座谈主题围绕陈达的研究提纲《新中国1953年的人口普查：国家建设及人口研究的基础》。

会后曾应人民日报社建议，发了一篇新闻稿，与会学者一致同意陈达的基本论点，并且指出我国由于历史的原因及现阶段生产发展水平关系，在人口方面出现了许多亟待解决的问题。因此，必须从速建立专门机构，集中研究人力，开展调查研究工作，以适应社会主义建设的要求。

最后的一次座谈会是1957年6月9日，由陈达征得学部同意在太常寺人口研究室召开了前几次座谈中决定成立的社会学工作筹备委员会第一次会议。这次会议讨论了：(1)关于本会名称和任务；(2)关于社会调查研究工作，如人口与劳动调查研究、城市社区调查、民族学研究等；(3)关于筹备社会学系的计划；(4)关于筹备成立中国社会学会。这次会议着重讨论了人口问题的调查研究。

就在这个"六九"座谈会召开之际，"反右"运动开始了。所有上述座谈活动都被认为是从人口问题上"打开向党进攻的缺口"，是反党、反社会主义的复辟活动。因此，多数参加恢复社会学和人口问题座谈会的人，都被划成了右派，陈达作为红极一时的恢复社会学的代表人物当然也是右派分子之一。此后他仅以全国政协委员身份，在北京西城区家里从事研究工作。1975年1月16日陈达逝世，享年84岁。

1963年10月下旬在江苏参观访问。
左一费孝通、左三陈达、左四潘光旦。

（韩明谟）

二、陈达的教育思想和治学精神

"以浅持博,以一持万;自知者明,自胜者强。"这是梁启超为陈达亲笔题写的一副对联,书法谨严苍劲。陈数十年如一日,把这副对联悬挂在家里,并且悬挂在极其重要突出的位置。如果要问为什么陈达非常珍爱这副对联,答案就是这副对联恰恰是对陈达的教育思想和治学精神的生动写照。

(一)"专攻一组"与"通才教育"

在清华社会学系里有两位教授其教育思想和治学精神恰恰形似对立的局面,这就是陈达主张"专攻一组",潘光旦提倡"通才教育"。陈达认为社会学是"采用科学方法,研究人类社会",课程就应分组进行,学生"可就性之所近,任选一组专攻之"。而潘光旦则认为:"学社会学的人,他的成就完全是由他的基础知识所决定。基础知识越大,则成就越大……尤其是心理学、生物学要特别读得多,历史是过去的社会,统计是研究的工具,都应加以深刻的检讨。"这两种不同的教育思想和治学精神,反映在教学要求上,前者侧重于调查统计的"科学方法"与社会实际生活的"专门问题";后者则注重广博的书本知识与工具知识的训练。尽管二者有所不同,可在强调基础知识训练方面却又是一致的[①]。

(二)"以浅持博,以一持万"

陈达把梁启超给他的"以浅持博,以一持万"的赠言作为自己治学的座右铭。他多次对学生说:"我觉得一个人不容易通。我的办法是走一条路,要走一条路才能有成绩和贡献。"他常规劝学生:"要有所为,就得有所不为","与其学两三种外国语,不如把一种学得更好"。他自己一生的确也是走一条路到底:在美国留学时,学的是社会学,主要是人口和劳工问题;回国后一直在大学工作,不曾想过到政府做官,而且,在大学里主要是从事教学研究工作,只附带兼任一些与自己教学研究直接有关的行政工作,例如社会学系主任、国情普查研究所所长等(实际上,当时这类行政工作并不需要耗费多少时间)。而且,他长时间讲授的都是人口问题和

[①] 见清华大学校史编写组编著:《清华大学校史稿》,中华书局,1981年版,第179页。

中国劳工问题，研究的也是人口问题和中国劳工问题，一生都是这样。抗战前他曾从事华侨问题的调查研究，并有专著出版，而华侨问题不过是人口和劳工问题的一个重要组成部分。对他来说，教与研又是完全统一的，他把绝大部分时间用在研究上，教课其实只是把研究的成果拿到课堂上讲讲而已。在昆明的八年中，他一般每周多天在呈贡研究所工作，只有一两天去昆明联大教课。这样，教与研在他那里不但不矛盾，而且可以互相促进，教课内容因此可以不断得到充实和提高。他一直是这样工作着的，也可说一直是这样生活着的，乐在其中。他晚年常说："我除了本行，都是外行。"

（三）实事求是，注重调查

陈达在对人口、劳工问题的研究中，一贯坚持根据事实说话的原则。他常说："你有一分材料，便说一分话；有两分材料，便说两分话；有十分材料，可以只说九分话，但不可说十一分话。"他常常强调"靠资料立论，用数字说话"。他的所有著作有一个共同特点，那就是资料丰富，叙述简要。为了把一个问题研究清楚，他总是不怕付出最大劳动，尽量全面搜集资料。举例说，抗战前，他为了解天灾对人口的影响，就对我国水灾和旱灾进行过一次系统的研究，搜集材料的范围包括《通志》、《通典》、《图书集成》、《文献通考》、《海关十年报告》、华洋义赈会刊物、各地赈务机关报告以及新闻报纸等。他从搜集来的大量材料中求得的结论却很简单：自公元前203年至1933年，共计2136年间，每百年中有旱灾或水灾的共66年，剩下没有旱灾和水灾的只有34年；按朝代说，这个比例数越往后越严重，辛亥革命后更是年年有旱灾，也年年有水灾。但陈达对这项研究成果并不感到满意，他同时表明：这种系统研究只是"第一次的尝试"，不见得全面精确[①]。

陈达1923年从美国回到清华不久，在讲授"社会学原理"的同时，就开始对校内工人的生活费用进行调查，写成报告在校刊上发表。这次调查范围虽不大，时间也不长，但意义却不小，因为这在当时的社会条件和风气下为知识分子的研究工作开辟了新的途径，各种社会调查开始增多了。从此以后，陈自己在国内还调查了清华附近的成府市镇情况、上海工人生活状况、华洋闽粤侨乡状况、昆明呈贡及附近地区的人口和农业状况、重庆工人生活状况等，其中对上海工人在1931年和1946年两次进行调查。另外，在国外他也亲自考察或调查了日本和朝鲜的劳工状况、南洋和夏威夷华侨的社会生活状况、印度加尔各答地区的农业状况、德国和意大利的工人

---

① 陈达：《人口问题》，商务印书馆，1934年版，第240~242页。

生活状况、苏联的市镇工人和集体农民状况等。据估计，他从1923年至1952年的29年中，一共主持和参加过24种调查。其中有小型的，也有大规模的；调查时间有的短到三四个星期，有的长达六七年。规模最大的一次调查，是抗战时期在云南昆明湖区的人口普查，参加调查工作及联络的人员达1300余人，被调查的对象包括三县一市的60万人口。1946年对上海工人生活状况的调查，规模也很大，调查范围包括工厂最集中的黄浦、沪南、闸北、法华、洋泾五区。先是普查，包括工厂1582家、工人148026人，然后从中进行选样调查。被挑选出作比较深入调查的对象，包括纺织、面粉、榨油、火柴、造船、五金、卷烟等40种工业的240家工厂；对每个工厂的调查内容，包括工人种类、工作时间、工人实际收入、工人计时工资、工人计件工资、工人效率、工人管理、工人福利、安全卫生、艺徒训练、工人生活史、工会等12个项目。所有调查材料，一般要经过审核、复查、改正，然后进行分类和统计。根据以上情况可以说，陈达的主要著作成果，都是建立在大量的调查统计数据之上的。

（韩明谟）

三、国情普查研究与《现代中国人口》

（一）清华大学国情普查研究所简况

陈达进行社会问题的调查研究所依托的实际机构，就是他主持了将近九年的清华大学国情普查研究所。

清华大学迁校昆明，与北大、南开组成国立西南联合大学，同时单独以清华的经费于1938年成立了金属、无线电、航空、农业、国情普查五个研究机构。普查所先设在昆明西南联大附近，并选定昆明市东南呈贡县为人口普查试验区，于1938年1月起开始进行人口普查活动。后因昆明遭日机轰炸，该所于6月迁往呈贡县文庙，从此至抗战结束。

国情普查研究所的设立，是为政府战时及战后制定"适合国情、通盘周密的统治计划与整个国策"提供社会情报，并提供理论根据与技术经验，以为政府实行"全国总动员"和制定"建国"的"整体具体办法"服务①。调查研究所所需的数百万元巨额经费，均由政府拨给，清华大学只负担一个零头。

---

① 李景汉：《呈贡县的国情普查研究工作》，载《今日评论》第4卷第19期，1940年11月10日。

该所进行的社会调查工作有以下几项。

（1）对呈贡县进行了人口普查(1939年)，这次普查的目的是想求得十八岁至四十五岁之间的各地壮丁数。

（2）1942年春，为内政部及云南省政府主持昆明市、昆明县、昆阳县及晋宁县环湖县市的户籍示范实验。

（3）呈贡县及昆阳县的一镇三乡进行户籍及人事登记工作。

（4）开办人口普查训练班多次。

（5）工农业调查，呈贡县的农业普查。

普查以系统科学的方法与技术，进行区域人口的研究。对人口普查实际进行时如何组成调查区与监察区，训练外勤人员，设计人口调查表格，具体进行统计分析，进行人事登记，以及如何对待少数民族的社会了解、移民情况、特殊人口(体质上有缺陷的如盲人等)、人民的宗教信仰，进行人口普查与人事登记的经费项目与标准等，均作了实际的经验总结，对整个国家进行有关工作作出了示范试验和可行的工作方案。

（二）出版《现代中国人口》

在清华国情普查研究所于抗日战争期间实际工作的基础上，加上抗日战争前的研究成果，陈达终于完成了一本具有划时代意义的人口学著作，即《现代中国人口》[①]。

这本书以云南呈贡四年多人事登记实验资料，云南环湖示范区普查工作、昆明县人事登记工作所取得的材料，与近代中国依现代人口统计科学进行人口研究的资料作比较，并作了历史回顾。

这本书是近代人口学在中国国土上的许多实验工作的总结。它不仅为战后中国社会科学准备了有关事实研究的根据，实际上也为国家的现代化做了些基础工作。

这本书事实上也是国情普查所同仁的集体成就，不过由陈达总其成而已。普查所李景汉教授具体主持调查工作，戴世光教授主持统计工作，所内还有参加整理编辑资料的同志，大家齐心协力取得了这一成果。

该书本来是陈达参加美国普林斯顿大学建校二百周年纪念会的论文，后来由陈达的美国老师、芝加哥大学社会系主任乌克朋教授鼓励，并由他亲任编辑，最后于1946年7月由《美国社会学杂志》用专题报告的形式发表，并随即由芝加哥大学印

---

① Pupulation in Modern China, University of Chicago, 1946.

成专书在美国与欧洲流通,在一定程度上受到欧美学界的重视。乌克朋曾有这样的评语:"在中国人口学上有一本好的著作,是一件值得夸耀的事……在中国人口方面,这些科学的事实,依照社会背景而发表出来,并由著者加以解释,使这个伟大民族在战争与和平期间的人口趋势得到正确的意义。"①

(韩明谟)

陈达主要论著:

1.《中国劳工问题》,商务印书馆,1929年版。

2.《我国工厂法施行问题》,上海科学管理协会,1931年版。

3.《人口问题》,商务印书馆,1934年版。

4.《人口变迁的原素》,清华大学出版社,1934年版。

5.《南洋华侨与闽粤社会》,商务印书馆,1938年版。

6.《浪迹十年》,商务印书馆,1946年版。

7.《我国抗日战争时期市镇工人生活》,中国劳动出版社,1993年版。

8. *Analysis of Strikes in China, from 1918~1926*, Shanghai Bureau of Economic Information.

9. *Chinese Migrations with Special Reference to Labor Conditions*, Bulletin 340, U. S. Bureau of Labor Statistics, also issued as document 19. House of Representative, 69th Congress, first session, 1923.

10. *Japanese Emigration in China*, New York, 1927.

11. *Labour Movement in China*, International Labor Office, Geneva, 1927.

12. *Depopulation & Culture*, Canton, 1934.

13. *Emigrant Communities in South China*, Institute of Pacific Relations, N. Y. Ipr., 1940.

14. *Population in Modern China*, University of Chicago, 1946. 中译本《现代中国人口问题》,廖宝昀译,天津人民出版社,1981年版。

---

① 见陈达著、廖宝昀译:《现代中国人口·导言》,天津人民出版社,1981年版。

社会学家、教育家潘光旦

潘光旦（1899~1967），字仲昂，江苏省宝山县罗店镇人。

1913~1922年，清华学校毕业。

1922~1924年，美国达茂大学（Dartmouth College）毕业，获学士学位。

1924~1926年，美国哥伦比亚大学研究院毕业，获硕士学位。

1926~1927年，上海吴淞国立政治大学教课，并任教务长。

潘光旦抗日战争时期留影

1927~1934年，先后在上海光华大学、大夏大学、暨南大学、东吴大学法科、复旦大学、沪江大学教课或兼课。曾任东吴大学法科预科主任、光华大学文学院院长。曾主编《优生》月刊、《华年》周刊，并为英文《中国评论周报》的编辑人之一。

自1928年起加入东南社会学会、中国社会学会并任理事。

1934~1952年，清华大学社会学系教授。其间于1936~1946年兼任清华大学教务长，1939~1941年兼任清华大学秘书长。1937~1946年任西南联合大学教授，曾两度兼任教务长，并于1943年起兼任社会学系主任。1946年起兼任清华大学图书馆馆长、社会学系主任。

自1941年加入中国民主同盟，历任第一届、第二届、第三届中央委员。1957年以前并任第一届、第二届中央常务委员会委员。

1949年10月任中央人民政府政务院文教委员会委员。

1952~1967年，中央民族学院教授。其间在1957年以前任中央民族学院研究部中南研究室主任。"反右"运动中被错划为右派分子。

1954年，曾历任中国人民政治协商会议第二、三、四届全国委员会委员。1967年6月10日逝世。

一、小传

潘光旦号仲昂，江苏宝山县人，1899年8月13日(清光绪二十五年七月初八)生。父名潘鸿鼎，曾任清翰林院编修。

潘光旦1905年入私塾读书。1913至1922年间在北京清华学校学习，经常参加学校的社团活动和年报、学报、周刊等编写工作。1915年右腿因参加体育运动受伤致残，依靠双拐走路，但仍然爱好活动。1919年参加了五四运动的罢课游行。1921年曾携带同学捐款到河北唐县赈济旱灾。

1922年，潘光旦去美国留学。开始在达茂大学学生物学，1924年毕业，得学士学位及成绩优异金牌。1925年又在哥伦比亚大学研究院学习，学动物学、古生物学、遗传学，1926年毕业，得硕士学位。同时期还先后在纽约州和马萨诸塞州等其他研究机构参加有关优生学、人类学、内分泌学、单细胞生物学的学习和研究工作，成绩优秀。1925至1926年，在纽约与清华校友闻一多、罗隆基等发起组织大江学会，并发行《大江季刊》，兼任学会理事，为季刊写稿。潘还曾兼任纽约《中国留美学生季刊》(中文)总编辑、《月报》(英文)编辑。这几个刊物主要宣传科学、民主的救国主张。1925年孙中山逝世后，潘参加中国学生在纽约召开的追悼会，并将《总理遗嘱》译成英文，又与人合作将《国民党第一次全国代表大会宣言》译为英文。

潘光旦1926至1934年间在上海地区的大学工作，先后任吴淞政治大学教务长、东吴大学法科预科主任、光华大学文学院院长、吴淞中国公学社会科学院院长等，讲授心理学、优生学、家庭问题、进化论、遗传学等课程。他先后主编《时事新报》的副刊《学灯》和《书报春秋》、《优生》月刊、《华年》周刊，1928至1934年兼任《中国评论周报》(英文)编辑。这些刊物宣传科学、民主等救国主张，更多地讨论人口、劳工、家庭、妇女、优生等社会问题。当时，潘光旦还参加学术团体平社、中国社会学会、太平洋国际学会等。平社的社员多是留美学生，经常聚餐，宣读和讨论文稿，然后送《新月月刊》等处发表。

1934年潘光旦到清华大学工作，任社会学系教授，除主讲优生学、家庭问题外，先后开设人才论、西洋社会思想、中国儒家社会思想等课程，1935至1937年兼任清华大学教务长。

抗日战争爆发后，清华与北京大学、南开大学一起南迁长沙，合办长沙临时大学；1938年再西迁昆明，改名西南联合大学，直至1946年。在这烽火连天的八年间，潘光旦一直随同清华辗转南方各地，坚持教学研究工作，先后任教务长、秘书长、图书部主任、社会学系主任等。他一直在社会学系讲课，一度在云南大学社会学系、昆明译员训练班、云南留美学生预备班兼课。

1946年清华大学迁回北平复校，潘光旦随同回到北平，继续任社会学系主任、图书馆馆长，讲授优生学、家庭问题、西洋社会思想等课程。

潘光旦在解放前先后完成的著作有：《冯小青：一件影恋的研究》、《中国之家庭问题》、《日本德意志民族性之比较的研究》、《读书问题》、《中国伶人血缘之研究》、《明清两代嘉兴的望族》、《优生概论》、《人文史观》、《民族特性与民族卫生》、《优生与抗战》、《自由之路》、《政学罪言》、《优生原理》等。其译著有：霭理士著《性的教育》、《性的道德》、《性心理学》，赫胥黎著《自由教育论》等。

当时潘光旦在优生学方面的中心思想是：不但要求个人进步、社会进步，而且要求种族进步。他认为，种族进步更为根本，离开它，个人进步和社会进步是不可能长久的。在潘光旦看来，只有种族进步，在先天遗传方面比较优秀的人才能辈出，社会、经济、文化等才会不断繁荣昌盛、源远流长。他认为，种族的演变，首先是通过生物现象中的繁殖、变异、遗传、竞争、选择、淘汰、死亡等因素进行的，如果优良人种在质量上得到提高，在数量上得到增加，便是种族进步，否则便是退步。其次，人种的这种演变，还同时受到社会现象中婚姻、家庭、战争、宗教、政治、法律等因素的影响。这种影响是多种多样的，也是很大的，必定造成人口中不同的生育率和死亡率，从而引起种族的进步或退步。潘光旦认为，在欧洲中世纪宗教法庭审判下被杀害的多是优秀人才，这不能不影响种族进步。他认为，欧洲古希腊、罗马的文明很快衰落了，而中国文化历史悠久，这不是没有种族方面的原因的。

潘光旦在社会学方面的中心思想是：力求建立一种健全的社会。他认为，任何社会都包括个人生活与社会生活两方面，这两方面并不是势不两立的，而是相辅相成的，不可偏废。就个人方面说，又总有通性、个性、性别三方面。通性是人人相同之处，个性是因人而异之性，性别是男女之分。就社会方面说，即就人群方面说，又总有社会秩序、文化进步、民族绵延三个方面。社会秩序与通性一致，文化进步与个性一致，民族绵延与性别一致。只有使这两大方面、六小方面都得到照顾，才是比较健全的社会。潘光旦说："在温暖的情绪与清明的理智之下，试问哪一壁的哪一方面我们愿意捐弃的呢？我们谁不知道，缺一壁或缺一壁的任何一方面，多少总是不健全的表示呢？"①他认为几十年间先后传入中国的，最先是英美式的个人自由主义，接着是苏联式的阶级集体主义，最后是德意式的种族集体主义，各有偏蔽，都不可生搬硬套。他又认为，个人生活的健全发展，通性、个性、性别不偏废，主要依靠自由教育；社会生活的健全发展，秩序、进步、绵延不偏废，主要依靠民主政治；健全社会必须以自由教育为体，以民主政治为用。潘的这种社会理想，显然还脱不出改良主义的窠臼。

潘光旦在政治上很早就追求资产阶级的自由民主。1926年至1927年间，他在上海与张君劢等经常往来，商谈时局，1936年加入张君劢领导的国家社会党。1947至1948年，他还一度参加在北平新成立的中国社会经济研究会，任理事及该会所办《新路》周刊编委，宣传改良主义思想。他在国共两大党的政治斗争中，日益明显地反对国民党的许多政策和措施，而同意共产党的若干经济政策，但他同时留恋资产阶级的自由民主，想走第三条道路，后来实践证明这条道路在中国是走不通的。

潘光旦1956年春在中央民族学院寓所（张祖道摄）

抗日战争时期，国民党日趋反动腐化，全国人民的爱国民主运动在中国共产党的正确领导下不断高涨。在这种形势下，潘光旦的政治态度日益发生变化。他经常发表文章，对国民党当局进行抨击。1939年他反对大学设训导长，认为把训育从教育里划分出来，在理论上很有问题，并且没有人当得起这训导长。1940年，他发表《宣传不是教育》一文；由于昆明《中央日报》一篇社论的反对，他又发表了《再论宣传不是教育》。后篇说："我说宣传不是教育，多少还说了一些为什么不是。那篇社论说宣传就是教育，却

---

① 潘光旦：《自由之路》，商务印书馆，1946年版，第76页。

没有说为什么是。"①同年，国民党中央宣传部副部长潘公展在重庆《中央日报》与昆明《每周专论》上撰文，指责大学教师的思想不纯正，潘光旦便发表《异哉所谓教师的思想问题》，说："作者厕身大学环境且二十年，所见和公展先生的很有不同，又忝为教师的一人，责任有归，未敢缄默。"②1943年，潘光旦指责蒋介石的《中国之命运》把真自由和假自由刚好弄颠倒了，希望再版时更正，并说："这样，真假可以划分得更清楚，黑白可以表见得更分明。"③1944年，他公开主张学人论政，并要求国民党政府真的广开言路，说："试想，大家，特别是一般学人、艺人和有专门技术的人，对于国家大事，既连口都不能开，还敢希望有更进一步的贡献么？"④1942年至1945年，他和闻一多、吴晗等联大教授一起，创办《自由论坛》月刊和周刊，大力呼吁自由和民主，成立联合政府。他在解放前的论文集，有一本就叫做《政学罪言》。

1941年3月，中国民主同盟的前身——中国民主政团同盟成立，潘光旦参加。他自1941年起至解放一直担任民盟中央委员、中央常务委员，并曾兼任民盟昆明支部

1957年1月16日潘光旦在湖北土家族地区调查（张祖道摄）

委员、主任委员，负责创办和编辑民盟在昆明的机关刊物《民主周刊》。他在昆明经常和闻一多、吴晗、费孝通、曾昭抡等一起参加共产党地下工作者华岗、尚钺、楚图南等人在唐家花园秘密召开的小型座谈会，讨论政治形势。在昆明的爱国民主运动高涨过程中，尤其在1945年底爆发了震惊全国的"一二•一"运动后，西南联

---

① 潘光旦：《自由之路》，商务印书馆，1946年版，第229页。
② 潘光旦：《自由之路》，商务印书馆，1946年版，第101页。
③ 潘光旦：《自由之路》，商务印书馆，1946年版，第14页。
④ 潘光旦：《自由之路》，商务印书馆，1946年版，第359页。

大不少民主教授遭受国民党特务的恐吓和迫害。李公朴、闻一多被国民党特务杀害时，潘光旦和其他民主人士一度往昆明美国领事馆避难。嗣后他回到北平，继续兼任民盟华北总支部委员。

中华人民共和国成立后，潘光旦担任政务院文教委员会委员、中国人民政治协商会议第二届全国委员会委员等职，并任民盟中央常委、民盟总部宣传委员和文教委员、民盟北京市支部委员和文教委员、民盟清华大学区分部主任委员。

1949年至1952年间，潘光旦继续在清华大学工作，担任社会学系主任、图书馆馆长，兼任校务委员会委员。他讲授社会主义思想史、家庭进化史、马列名著选读等课程，译注了恩格斯《家庭、私有制和国家的起源》。1951年春，他前往上海、苏州、吴江、无锡、常熟等地视察土改运动，收集了大量第一手资料，写出《谁说江南无封建？》等多篇文章，在《人民日报》等报刊发表，后收编为《苏南土地改革访问记》出版。1952年，潘光旦到中央民族学院任研究部第三室主任。他调查研究湘西土家族，写出了调查报告和有关文章。他还研究景颇族史、畲族史，并整理中印边界有关资料。

1957年"反右"斗争中，潘光旦被错划为右派分子。此后十年，他通读二十五史，搜集整理少数民族史料约达一百六十万字，同时翻译了达尔文巨著《人类的由来》。1967年6月10日潘光旦病逝，遗书万册捐献给中央民族学院。中共十一届三中全会后，他在政治上得到平反，恢复名誉。

潘光旦遗著《中国境内犹太人的若干历史问题》以及《人类的由来》均已出版。

（全慰天）

二、《潘光旦图传》序（节录）

在20世纪上半叶群星灿烂的中国学术界，有一颗学术之星曾经如此耀眼。但到20世纪下半叶，这颗耀眼之星却被漫天云霾遮蔽。今天，岁月的封尘拂去，人们蓦然回首，发现他的学术见解是如此精辟与超前。尤其是，他给中国民族性进行的号脉如此到位，以至于人们以为：他是否就是时代的先知，竟能对数十年后一个民族精神性格缺陷的症状与症结作出准确的判断和预言？

他就是潘光旦——一位终生在社会学领域耕耘不辍的深有造诣的学者。其实，仅仅说他是一位学者是不够的，他还是一位出色的思想家，一位对中华民族的命运与前途倾注了毕生精力的思想家。然而，与当时乃至后来许多思想与学术两相分判的"思想者"不同，他以深厚的学术素养分析中华民族的精神与心理，提出了不少超出"常识"的见解。

潘光旦早年在美国攻读的是生物学与优生学专业。他还一度对于性心理学殊有兴趣，翻译过英国著名性心理学家霭理士的著作；在20世纪20年代初期二十岁出头时，他曾写作《冯小青考》，运用弗洛伊德的理论对明代一位传奇女子作过精神分析诊断。看来，潘光旦接触西方学术新知是相当早的，且颇有"悟性"。然而，他不甘于仅仅当一名纯粹的学者，他要运用他所学的科学知识，来为一个民族进行精神诊断。

说潘光旦对中国民族性的解剖是"科学的"，乃因为他据以观察与研究中国民族性的理论是一种科学的理论——达尔文的进化论与生物遗传论。这种进化论、生物遗传论与社会学的结合，催生了一门自然科学与社会科学相杂交的交叉学科——生物社会学。潘光旦后来对生物社会学情有独钟是完全可以理解的：无论是作为个体的人也罢，以群体方式存在的民族或者整个人类也罢，其实都具有"二元性"，即一半具有生物性，一半具有社会性。因此，观察与解剖人的最锋利的手术刀，自然就是兼有生物学视野与社会学视野的生物社会学。这种看法在当时自然十分新鲜，即使将它置于今天来看，也仍然会令人啧啧称奇。潘光旦认为，这种将人视为生物性与社会性的统一体的看法，是有着充分的科学实证与社会历史文献根据的。

然而，潘光旦不满足于仅仅对事实作客观的观察与描述，他还试图提出一种观念，将人的生物性存在与社会性存在加以调和，从而建构一种新型社会学理论，可以有助于一个民族的精神性的改良和重生——这就是他后来致力于提倡以"位育"为中心的新人文史观的用意之所在。他解释说："《中庸》上说'致中和，天地位焉，万物育焉'；后世注经先生又加以解释说'位者，安其所，育者，遂其生'，安所遂生，是谓位育。"[①]要理解潘光旦为什么要把"安所遂生"称为"位育"，不妨把他对于人与环境、人与历史的关系的看法联系起来。他认为，人一方面是由环境、历史所决定的；另一方面，人又不完全是环境、历史的被动适应的产物。换言之，人固然一方面由环境与历史所决定，另一方面，却又无时不在改变环境。也正因为如此，他不满意于一般人将生物进化论中的"adaptation"或"adjustment"翻译

---

① 见潘光旦《说乡土教育》一文。

为"适应"或"顺应",而认为应当释作"位育",以体现人与环境、历史的双向互动关系。当然,在他看来,这种对人与环境的双向互动关系的理解,又仍然是来自于达尔文的生物进化论。

潘光旦不满足于做一位立足于对人性与民族性进行实证的科学考察的社会学家。他认为历史上的人性,也包括中华民族的民族性,有其不足,从而试图运用科学的方法来予以改良。从这方面来看,他又是一位充满社会理想的人文主义者。这也是为什么他称以"位育"为中心的生物社会学思想为"新人文思想"的缘故。概言之,他的"位育论"生物社会学,其实是以人文精神为体,以科学方法为用,最终以服务于改良人性与民族性为鹄的。

在具体论述以"位育"为中心的新人文史观时,潘光旦提出了不少真知灼见。他认为人性是"囫囵"的,假如分解地看的话,它包含三个方面:通性、个性与性别。而他认为理想的状态是这三者得到满足并且统一,即通性、个性与性别都得到全面发展,而相互之间又不发生摩擦,甚至是相得益彰。他说:"人人既有此三部分的人性,人人即不能无一种要求,就是此三部分的并重与协调的发展……如此发展而成的任何一个人格,各在其可能发展的程度以内,可以有其宗教信仰,有其艺术欣赏,有其科学认识,有其政治见解,有其就业的技能,即或在若干方面,因天赋特长而宜乎略作偏重,在若干其它方面,因天赋不足而不免稍有偏枯,亦无害于生活的'以群则和,以独则足'。"又说:"要个人生活与人格的健全发展,要通性、个性、性别三节目的不偏废,责任端在教育,在一种通达的教育,就是自由教育。要社群生活与群格或国格的健全发展,要秩序、进步、绵延三节目的不偏废,责任端在政治,在一种通达的政治,就是民主政治。"①也许,潘光旦这种关于人性完善统一的想法并非他所独创,但他思想的独特贡献在于:他对这种人性完善的追求不是诉之于乌托邦的想象,而是建立在一种科学实证的生物社会学的基础之上。

潘光旦强调教育的重要性。他是20世纪30~40年代中国自由主义教育的提倡者之一。而他的自由主义教育观,又是以"位育"作为思想理论依据,针对近代以来工业文明的发达以及工具理性教育的片面伸张而发的。在《教育与位育》一文中,他说:"以前的种种,只是'办学',不是'教育',教而不能使人'安所遂生',不如逸居而无教,以近于禽兽之为愈,因为它们的生活倒是得所位育的。"这话虽说得似乎有点极端,但用意是明显的:现代教育制度已经愈来愈远离了"位育"这一培养完善人性的教育理想,因此必须彻底更弦换辙。他提出的改革教育思

---

① 见潘光旦《个人、社会与民治》一文。

路，就是将人从工具状态中解放出来，而恢复其本源意义上的人性。潘光旦的这种教育观，可以看作是以"人格主义"为导向的。他说："有了明能自知与强能自胜的个人，我们才有希望造成一个真正的社会。健全的社会意识由此产生，适当的团体控制由此树立；否则一切是虚假的，是似是而非的，即，意识的产生必然的是由于宣传，而不由于教育，由于暗示力的被人渔猎，而不是由于智情意的自我启发，而控制机构的树立也必然是一种利用权力而自外强制的东西。"①潘光旦的这段话写于60年前，至今读来仍觉空谷足音。

其实，说潘光旦是一位将科学与人文结合的社会学家，这话还只说对了一半；就终极信念而言，他却是一位彻底的人文主义者。他对以"位育"为中心的教育理念充满着乐观态度，而且付诸于教育实践。这就是为什么他在任清华大学教务长的时候，大力呼吁"通才教育"的道理。并且，他把提倡"人文学科"视为实践这种教育理想的最好方法之一。在《人文学科必须东山再起》这篇文章中，他借英国思想家席勒的口吻说道："一门科学，因为过于钻研，过于玩弄术语，终于会断送在这门科学的教授手里，所以一门科学的最大的敌人便是这门科学的教授。"而人文学科的最大长处，就是可以培养人的一种综合与通观的能力。这种综合与通观能力，与其说是技术层面与学科层面上的，不如说是世界观与人生观方面的。他历数惟科学马首是瞻的"科学主义"带来的危害时说，"科学的发展根本忽视了人，尤其是忽视了整个的人，而注其全力于物的认识与物的控制"，而人文学科则足以解科学之"蔽"。因此，他提出发展人文学科的两条建议。第一，在高中与大学的前两年，应尽量地充实人文的课程，文法院系固然如此，理工院系更属必要。这是属于实际操作方面的。第二，是理想的提倡。他心目中弥足珍贵的理想是"宇宙一体"、"世界一家"与"人文一史"；而就前两者的真正落实来说，都离不开"人文一史"；而人文学科之妙，就在于能培养人的"人文一史"情怀。

可以看出，潘光旦的思想经历了一个由科学到人文的发展过程。但他的人文主义精神却又始终寄寓在他对科学的信念之上；即使他后来对于科学之"蔽"的批判与反省，也都是诉之于科学的理性分析。由此观之，潘光旦的思想其实是很难化约为某一种类型的。科学乎？人文乎？潘光旦似乎总想在科学与人文之间保持一种张力。因此，假若强为之名，他是一位"科学的人文主义者"。

（胡伟希）

---

① 见潘光旦《说童子操刀》一文。

三、西南联大：学术人生的转折（节录）

（一）

西南联大的学术空气十分浓厚，潘光旦所开设课程的优生学和社会思想史都受到学生的欢迎，因教室座位有限，选习者众多，经常在教室破窗前挤满了旁听的学生。潘光旦乐于与学生讨论，并以讨论来深化对学术问题的探索。在1941年完成初稿、1949年出版的编译本《优生原理》一书的"自序"里，他写道：

> 他们(指西南联大与清华大学历届优生学班上的学生)听我讲授，和我讨论，甚至和我辩难，很热烈的辩难，许多和寻常见解不同的地方也往往就是辩难所由引起的地方。对于这些同学我要借此机会表示我的欣慰和感谢，因为，就一门新兴的学科说话，立意遣辞，要力求周匝平允：第一，眼前非有学殖稍具根柢的听众不可；第二，听众中非有深思熟虑、善于质难，以至于不惜争辩的人不可。本书虽一半出于迻译，一半也未尝不是这一番切磋砥磨的成品。

联大结束时，学生们编辑了一本《联大八年》作为纪念。在教授介绍部分，他们以这样诙谐的笔调来描述他们心目中的潘光旦教授：

> 这位名教授想来大家都不太陌生：联大教务长，社会系主任，西洋社会思想史、优生学的教者。潘先生最崇拜儒家的"中庸之道"，遇事都没有"偏见"，无可无不可。潘先生是社会学家同时也是优生学家，常在优生学班上谈起自己站在国民的立场也算尽了一己之责，因为潘先生刻已膝下五女。在欢送毕业同学会上常劝大家努力解决婚姻问题。潘先生是极端主张自由教育的，他在教务长任时，对于同学转系特别宽大优容，有时同学读了半年，发觉兴趣不合，下半年就把本系的课功（功课）退掉，另选他系的课，系主任常不批准，最后总是潘先生代为签字。潘先生自己承认有演讲瘾，的确潘先生的口才是少有的，演讲起来，如黄河长江滔滔不

绝，而所讲的又是层次清楚而有条不紊。近年来潘先生对于抗战时期的教育颇有感触，最近将有文集问世。

抗战时期的大后方，图书资料缺乏，战前集中做的那种专题研究难以开展。潘光旦却能够善于适应当时艰苦的条件开展工作，因而做出的成绩仍然不少。在译著方面，主要有：1939年11月至1941年11月，完成了约四十万字的译注本《性心理学》；1941年8月底至1942年5月底，完成编译《优生原理》；1944年译述《赫胥黎自由教育论》。在个人著述方面，是优生学与社会思想方面的一些单篇文章，后来依其性质分别编为《优生与抗战》和《自由之路》两本文集。

由于长期以来在优生学与中国文化渊源上的探索，和多年来讲授西洋社会思想史和儒家社会思想史课程的积累，潘光旦学术研究的重心，已经从优生学结合中国文献的专题研究逐渐向融合优生学和中西人文思想的方向转移。优生学不再是他最为核心的学术对象，优生学所提供的见识更多地消融在范围更广的人文思想的阐述里。这一时期，他基本上不再介绍优生学的自然科学基础，而是更多地转向探讨优生学的社会思想背景。这种探讨在早期的著述里比重不大，这时却得到明显的加强。学术重心从经验研究向理论研究的逐步转移，固然是由于时势的推移，同时也是长期以来学识积累的结果。这一时期，正是潘光旦从38岁到47岁的时候，经过多年的学术积累和阅历，他在思想的深度和广度上都较战前增加了许多。

（二）

潘光旦除了是一位优生学家、社会学家、民族学家、教育家外，还是一位成就斐然的翻译家。他曾翻译过不少西方学术名著，以量来说，《潘光旦文集》最后三卷收录了七部译著，约176万字，占文集总字数640万字的27.5%，如果再加上文集第三卷中节译的亨丁顿的《种族的品性》和明恩溥的《中国人的特性》，约17万字，总字数达到193万字，大约占总著述量的将近三分之一。这还不算《文集》第六卷基本上属于编译性质的《优生原理》。其译作不仅量大，而且还有自己的特色，其中最主要的有两点。一是所选择的译著与译者个人的学术兴趣有密切的关联，不是单纯为翻译而翻译，而是在原文后加上了大量的注释，或补充材料，或加进个人的研究心得。有人说，潘光旦的译著原文反映的是过去时代的学术成就，现在已经不新鲜了，他的注释倒是让人读起来津津有味。二是译文避免欧化句式，平易流畅。

在这些译著中，流传最广的首推1941年在西南联大时期完成的《性心理学》。

《性心理学》集中体现了潘光旦译著的两大特色。这本由霭理士原著、潘光旦译注的《性心理学》，无疑是过去百年间少数经受住了时间考验的影响深远的名著名译。

原著于1933年由英国伦敦的威廉·海纳曼出版公司出版。原著者霭理士(Havelock Ellis)是19世纪末至20世纪初期英语世界里首屈一指的性心理学大师。他与奥地利的弗洛伊德、德国的希尔虚费尔德同时代，一起开辟了现代性科学研究的新时代。霭理士除了性心理学以外，还具有多方面的才能——在文学评论、医学、性社会学、人类学等领域都有很深的素养——因此，他的书往往写得视野开阔，文笔多姿多彩，具有一股吸引人的魔力。《性心理学》的基础是霭理士1910~1928年完成的七卷本《性心理研究录》……潘光旦一直在心里联想着以至于抱怨着霭理士为什么不浓缩七卷巨著的精华，吸收进新的学术进展，写一本尽人可读的性心理学。好像是灵犀相通一样，霭理士果然写了简本的《性心理学》。1933年出版的《性心理学》是在七卷学术著作的基础上，吸收当时学术界的新进展写成的一本教科书性质的、适合一般读者阅读的书。这本书以34万字的篇幅浓缩了巨著的精华，以一种容易让读者接受的方式表达出来，无怪乎它受到读者广泛的关注—印再印。

1934年秋，潘光旦转入清华大学任教，看到这本书后大喜过望，决心要抽时间翻译这本书。但当时他很忙，没有时间从事大部头著作的翻译工作，尤其是在1936年2月开始负责清华大学的教务以后。抗战时期要开展研究缺乏资料，正是从事翻译的大好时机。1939年11月至1941年11月，用了两年时间，潘光旦终于完成了这本书的译注。在注释里，他还加进了大量的个人研究成果。如果加上长达两万字的附录《中国文献中同性恋举例》，注释篇幅几乎有十万字之多，占原著近三分之一。这些注释的主要内容是从性心理学的角度对中国传统文献，尤其是对稗官野史材料进行整理、分析、印证、补充霭理士《性心理学》的原文内容，在个别地方甚至进行修正。

《性心理学》并不是潘光旦第一次翻译霭理士的著作。早在1934年，潘光旦就曾从霭理士的《性心理研究录》第六卷里选译了两篇作为单行本出版，分别是《性的教育》与《性的道德》。就内容而言，《性心理学》更为全面；就篇幅而言，《性心理学》更大；就译注的量而言，《性心理学》远远超过前两本译著；所以，可以说，潘光旦译注的特色在这本译注里面得到了最集中的体现。

潘光旦为什么要翻译《性心理学》呢？既然他选择译著通常与他自身的学术研究紧密相关，那么他与霭理士有什么样的因缘？他看重霭理士思想中的哪些成分呢？追根溯源，得回到五四时期的中国思想界。

五四时期是个性解放思潮汹涌澎湃的时代，先进知识分子从西方借来文明的火种，来照亮中国传统社会深沉的夜色。霭理士正是这些知识分子借来的火把之一。当时对霭理士感兴趣的中国学人大有人在，《学灯》、《语丝》等刊物有不少翻译或介绍霭理士著作的片断。周作人借助霭理士明净中庸的性观对中国传统的性禁锢展开了犀利的批判，在青年知识分子青春激扬的心头激起了层层涟漪。

  在这样的时代氛围下，潘光旦开始阅读西方性科学的著作。他最初接触到的是弗洛伊德的《精神分析引论》，而且结合弗氏之学和中国笔记小说关于明末奇女子冯小青的记载，写成了他的成名作《冯小青考》（1922年)。很快，他又读到霭理士的六大卷《性心理研究录》。霭理士宽广的学术视野和人文主义的性观念打动了这个弱冠少年的心田，让他感受到较弗洛伊德学说更大的吸引力。霭理士通常并不被人们认为是一个人文主义者或人文思想家，而潘光旦在接受霭理士的学说时更愿意把霭氏解释为一位人文思想家。在潘光旦看来，霭理士不是一位哲学家或理论家，但却是上一代人中间最为深刻的思想家。其人文思想不同于当时流行的两种狭义的人文思想(一种把人类看成最高的实在，相信人类可以掌握自己的命运；另一种则持人类与外在物理环境及人自身的冲动相对立的二元论立场)，是一种主张人与外在环境以及自身取得两层和谐关系的广义的人文思想。霭理士的人文思想在性研究领域表现得最为明显。在思想倾向上，霭理士是一个中庸派，既不主张禁欲，也不主张纵欲。他认为人类的性倾向，深深地埋根在人的生物本性里。胡寿文教授评论道："生理与病态之间，找不到不可逾越的界线。所谓常态与病态，无非是各种不同的变异。形形色色的性歧变，虽然与后天的教养有关，终究大半是先天气质的结果，根柢极深。因此，霭理士主张，我们在整个性的题目上需要更多的宽容，除非是那些从医学上或法律上看来可以引起问题的事例，是无需责备或干涉的。"这也就是霭理士建立在生物学基础上的人与外在物理环境以及自身冲动达成和谐的人文思想。潘光旦在这一点上完全继承了霭理士的思想倾向。纵观潘光旦一生的学术思想，可以说是以人文思想为中心，由此我们就可以估量出霭理士对潘光旦的影响是何等的深广。至少我们可以说，性心理学加上人文思想，才可以对潘光旦产生强大的吸引力。潘光旦以后研究性心理学、优生学、性社会学，可以说都是出自于霭理士学说的诱导。他是这样的推崇霭理士，以致于以霭理士的私淑弟子自许，暗地里发愿要将霭理士的学问介绍到中国来。他在《性心理学》的"译序"里说："译者并不认识霭氏，也始终不曾和他通信；但二十年来，总觉得对他要尽我所能尽的一些心力，总好像暗地里向他许过一个愿似的。以前学问的授受，有所谓私淑的一种，这大概是一种私淑的心理吧。至于译者所许的愿，当然也是一般私淑的门弟子所共有的，就是想把私淑所得，纵不能加以发扬光大，也应该做一些传译的工作。"

除了潘光旦对霭理士学术思想的倾慕外，选择翻译《性心理学》，也与五四后社会上流行的性思潮背景有关。

（三）

抗战时期完成的编译本《优生原理》，是他长期从事优生学教学研究活动的最后结晶。全书共约二十万字，有七章内容主要是以美国学者普本拿与约翰逊(Paul Popenoe & R. H.Johnson)合著的《应用优生学》1933年修订本为蓝本编译的。第八章属于自著，将1935年的一本小册子《宗教与优生》容纳进来，改题为"人文选择二——宗教之例"。普本拿是人类改进基金社的主任干事和家庭关系研究所的所长，约翰逊是匹兹堡大学教授。除了和普本拿曾经通过信以外，潘光旦并不认识这两位学者；但他知道，他们对于优生学有深湛而通盘的了解，他最早读到而获益最多的优生学著作，便是他们两人合著的《应用优生学》的1918年初版本。

从内容来看，这本书不是某一个具体问题的专题研究，它所讨论的大约均属于优生学的一些基本原理的范畴，如先天遗传与后天教养的关系、人类遗传基因的性质、人类遗传的基本规律、自然选择与社会选择如何发挥作用等等。在编译过程中，潘光旦加进了自己的心得体会，比如说原著作者大概是出于厌恶种族主义的一派，所以不愿意提这派创造出来的"社会选择"概念；而潘光旦一贯认为这个概念很有价值，并不因它与种族主义有牵连就不能借鉴。他说：

> 编译者不敏，始终认为社会选择或文化选择确乎有分别提出的价值(指与"自然选择"分别提出)。优生学是一个综合的科学，其基础尽管是优生学的，其堂构终究是社会学的，选择的发生尽管必须经过生死婚姻的自然途径，而足以左右生死婚姻的社会势力与文化势力则所在而是，并且错综复杂到一个程度，非分别提出，从长讨论，不足以尽其底蕴。

正是基于这种想法，潘光旦重新调整了原文的次序，将原文讨论社会方面的篇章合并起来，明确地给这一章的标题加上了"人文选择"的字样。

抗战时期完成的另一本文集《优生与抗战》则侧重于优生原理与时势的结合、优生原理与社会思想的关联。

另外值得一提的是《优生原理》一书的产生背景。它的前七章是抗战时期完成的，时作时辍，前后共跨九个月，从1941年8月到1942年5月。第一章的最先一部分是在旅途中开写的，那时他正在四川省峨眉山新开寺，其余部分在昆明完成。1941年8月至1942年5月间的昆明，正是日军空袭最为猛烈的时期，所谓疲劳轰炸就是从8月初开始的。8月14日，敌机轰炸了西南联大。这次轰炸使图书馆、饭厅、教室和宿舍都有损坏。当时正值暑假，抗战时期来自沦陷区的学生们无家可归，成年四季都待在联大。为了解决住宿问题，现存的教室多改作宿舍暂用。

在敌人炸弹的硝烟中，潘光旦开始了《优生原理》一书的编译。那时，他将学校的行政工作摆脱得较为干净，因而能够在授课与跑空袭警报的夹缝中争取一些写稿的时间。他写稿的地点，用得最多的是西南联大总办公处的庶务主任办公室。庶务主任是清华的老熟人毕正宣先生。由于他与庶务行政向无关系，所以比较清净，来的客人也想不到来这里找他。虽然基本没有人来干扰他，而干扰最多却无法避免的"不速之客"却是敌机来袭的警报。警报一响，潘光旦就把手边的稿子和参考书收拾起来，向庶务室的大铁箱下面(不是里面)一塞，然后才随众人向西南联大后面的坟山疏散。值得庆幸的是，1941年9月以后，昆明的空袭虽然频繁，联大校舍却再没有中过弹，庶务室无恙，铁箱无恙，潘光旦珍惜的书稿也就得以保全。

《优生原理》的完成，既是潘光旦个人优生学学术生涯中值得纪念的一章，也是以学术来回应日军侵略最具有学者意味的一种努力。今天回过头看，这本书可能有这样那样的不足，但学者努力于学术的精神却是永恒的，也是最值得我们铭记的。

（四）

1946年8月，在苏州的浒墅关，潘光旦与费孝通还做了一件在中国社会学史上放射出异彩的事情。

六七年来，费孝通在云南大学与西南联大开设了一门"生育制度"的课程。其内容并不限于生育，而是囊括因种族绵延的需要而引申或派生出来的一切满足这一需要的、保护这一重大功能得以实现的事物。实际上，这门课程的实际所指，基本上是我们平常所说的"家庭制度"。之所以采用"生育制度"的名字，是由于费孝通属于人类学上的功能学派，凡事喜欢从发生功能的源头事物出发来讨论。从这个角度看，《生育制度》的书名可谓有点睛一笔之妙。费孝通将历年的讲稿不断地补充、修正，在西南联大结束时基本完成。浒墅关的闷热天气令人不畅快，费孝通颇有将全稿暂时搁置的意思。潘光旦劝告他，姑且先将全稿付印，"人生几见玉无瑕，何况瑕之所在是很有几分主观的呢？又何况此瑕不比彼瑕，前途是尽有补正的机会的呢？"费孝通接受了潘光旦的劝告，补写了最后一两章，可以将全稿送出去出版了。这样，1947年，《生育制度》这本中国社会学史上的名著，才得以与世人见面。商务印书馆出版的《生育制度》是费孝通解放前最成熟的理论著作，标志着他上半生学术生涯的结束。吴景超教授在书评中说："费先生的书，我读了已经不少，但这一本书，无疑的是后来居上，在他所有的社会学著作中，要算最有价值的一本。就在中国社会学界中，过去二十年内，虽然不断地有新书问世，费先生的这一本书，内容的丰富，见解的深刻，很少有几本书可以与他站在同一水准之上的。"将如此高的评价给予一位后辈学者，并将其与自己这一辈人作了比较，这在吴景超先生那里，是从来没有过的。而这本书能够及时与读者见面，潘光旦的促成之功不可不提。

除了《生育制度》一书本身的内容外，这本书的另一个"看点"是潘光旦写的长达三万余字的代序《派与汇》。潘光旦最先看到书稿，而且看出了费孝通的学术思路。当费孝通请他写序时，在浒墅关，他便下笔万言，写下了这篇长序。书与序珠联璧合，均为中国社会学史上最重要的理论文献之一。

在序中，潘光旦表达了他对这本书的欣赏。他说："至于本书条理的畅达轩豁，剖析的鞭辟入里，万变不离功能论的立场，章法井然，一气贯串，则也未始不是一家言的精神的充分表示，在学殖荒落、思想杂遝的今日，也正复有它的贡献，初不因我的期勉的话而有丝毫损色。"但他的评价似乎没有吴景超教授的评价高，原因在于，他对这本书还有不太满意与不太满足的地方：不太满意的地方是，费孝通强调社会文化作为一种超越于个人之上的力量对人类的支配，对社会文化满足人类自身需求以及人类改造社会文化的主观能动性这一面过于抹杀。费孝通的这一观点与潘光旦一向强调的人生为本、文化为末的人文史观相对立。潘光旦的人文史观认为，文化说到底，是人类为了满足自己生存、发展的需要而创造出来的人文世界；任何违背人类的生存、发展需要的文化势力迟早都会遭到人类的抵制或摒弃；人自身的素质与能动性才是人文世界真正的主角。潘光旦对《生育制度》不太满足的地方是，费孝通太局限于人类学功能学派的立场，只是一家之言，并不是全面的分析。

费孝通是晚潘光旦一代中国社会学界最优秀的学者，与潘光旦的学术交往与私交都很深。潘光旦对这位后辈在学术上寄予极大的期望，因此，他借着写序言之机，把这层意思表达了出来。他说，"不过我深知对于孝通的作品，外间欣赏以至于恭维的反应决不怕太少，陈义较高而互相勖勉的话还得让老朋友来说"，又说他采取的是"一个更广泛的立场，更超脱的展望，抱着对孝通一个更通达远大的期待"。

在《派与汇》一文里，潘光旦提出了一种称为"新人文思想"的理论思路。这套思想并非此时才开始探索，它可以追溯到1930年代初期，甚至更早，很可能和他与宝山县罗店镇同乡金井羊的交往有关。金井羊生于1891年，长潘光旦8岁，曾在政治大学、光华大学与潘光旦同事，1932年英年早逝，年仅42岁。金井羊的任职与著述范围在政治、经济以内，但只有与他熟悉的人才了解他具有极深刻的哲学与社会思想。他颇能洞察玄学冥想的弊端，认为西方哲学过于关注所谓"宇宙观"的问题，与程朱理学所谓的"格物"同一弊病，都没有探到问题的根本在于人的问题。金井羊认为，应该以儒家的人本主义思想为中心来统摄各种思想学说，发挥儒家思想的精华来为世界和平确立新的基础。他的这一设想并没有系统地写出来，只见于私人交谈与书简之中，潘光旦就是其极少数知音之一。金井羊没有系统发挥自己的哲学与社会思想，原因在于，他认为不在坚实的自然科学与史学基础上探究哲学问题，是自欺欺人，所以一直不曾将其思想加以系统化。而幼于他8岁的潘光旦在自然科学与史学上均有很好的学术基础，也喜欢琢磨一些社会思想问题，按照金井羊的想法应该是完成这一思想构想的理想人选。1932年7月，潘光旦在悼念金井羊的文章里着重讲了金井羊这一不为世人所知的思想构想。

那时，潘光旦在优生学的社会哲学基础上，结合他对中西社会思想史的研究，试图酝酿出一套系统的思想主张。1930年的《文化的生物学观》与1931年的《人文史观与"人治""法治"的调和论》这两篇文章，可以看作是他在阐述人文思想方面最初的努力。1931年，潘光旦从太平洋国际学会获得2000美金的资助，用来研究中国的人文思想。1934年《中国人文思想的骨干》一文发表，标志着他对人文思想的探索达到阶段性的小结。此后的几年间，他就此搜集了不少资料，可惜抗战的烽火使他留在北平的书籍、资料损失殆尽，人文思想的资料也在其内，致使他最终没有以完整的形式来完成这项研究计划。不过，其思想探索并没有因此停顿，而是继续有所发展。1934年的《中国人文思想的骨干》一文已经搭起中国人文思想具有四方面内容这一骨架，抗战时期发表的一系列文章则是为之填充筋肉。如属于第一方面的有《说本》（1939年）、《说"文以载道"》（1943年）；属于第二方面的有《明伦新说》(1940年)、《论品格教育》（1940年）；属于第三方面的有《类型与自由》(1944年)、《散漫、放纵与"自由"》（1943年）；属于第四方面的有《悠忽的罪过》（1943年)、《所谓"历史的巨轮"》(1943年)。抗战时期其比较集中探讨人文思想的文章至少有8篇之多。有了这些积累，抗战结束后，在苏州浒墅关写作《派与汇》的时候，潘光旦已经可以综合上面这些文章的成果，并拔高一步，试图提出一套较为系统的思考。所以，《派与汇》既可以看作是潘光旦对费孝通更远大的期望，同时也可以看作是继1934年《中国人文思想的骨干》发表之后,潘光旦对自己人文思想研究所作的又一次小结。

潘光旦为什么要提出新人文思想?他的基本考虑是什么呢?

我们知道,由于身残的生命体验与生物学的学术训练,潘光旦对人本身的特征、素质异常关注。在他的眼里,作为生物演化链条上的一环,区别于无机物、有机物以及动物,人类是生物界中意识、知觉最敏锐、最发达而营群体生活的一类,所以,个体的需要、知觉、意识必须得到相当的尊重,在这个基础上才谈得上做人的尊严。人并不是一堆马铃薯、一架机器、一群狼,他不能被一个公式、一套模式千篇一律地塑造出来。个体与群体在人类这里是并列的两极,必须得到同等的重视。个体有三个方面:一是同于别人的通性;二是异于别人的个性;三是非男即女的性别。对应于个体的这三个方面,群体也有三个方面:一是秩序的维持;二是文化的进展;三是种族的绵延。个体与群体被他看作是两纲,两纲分别包罗的三个方面,合起来被他称为六目,图示如下:

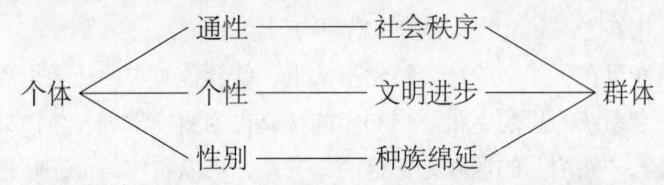

$$
个体 \begin{cases} 通性 \longrightarrow 社会秩序 \\ 个性 \longrightarrow 文明进步 \\ 性别 \longrightarrow 种族绵延 \end{cases} 群体
$$

两纲六目论是潘光旦从纯粹社会学立场提出的一个综合性分析架构。他认为任何社会制度、观念形态,都必须同时照顾到这两个纲、六个目,才是健全的,否则就是偏蔽的。在评论任何学派、思想流派、任何社会政治主张时,潘光旦采取的都是这么一个立场。比如说,在评论当时英美个人主义的市场经济与苏联的集体经济时,潘光旦认为两者皆有弊端,最好是把两者综合起来,走一条折中的社会民主主义道路。再比如,潘光旦对近代以来的妇女运动有所批评,他并不是开历史的倒车去全面否定妇女运动的成就,而是在他看来,传统社会只把女性当作女人看,而没有看到,女性除了是一个女人以外,还具有人之为人的通性和她独具的个性;女权运动在解放女性的通性与个性方面是有功绩的,但是女权运动忽视女性的性别特征,走上"男化运动"的轨道,这样对种族绵延极为不利。

在以两纲六目论来评论一切社会制度、思想观念的时候,潘光旦也意识到,单单提出两纲六目的重要性是不够的,那只是一种多少可以用来治标的办法,要从根本上解决问题,还必须从思想理论的根本处用力,为人类找出一个更理想的社会哲学。所以,再往前深入一步,他认识到,人本身才是人文世界里最重要的因素,要围绕人的个体与群体需要来构架思想理论。而近代以来的西方科学、思想却是流派纷呈，以己之是来非他人之是，虽然其中出现了几次小的综合趋势，如社会学创始人孔德、生物进化论创始人达尔文、历史唯物主义创始人马克思、精神分析论创始人弗洛伊德的会通努力，但一个统一的、以人为中心的社会哲学体系始终没有建立起来。潘光旦所要做的，就是在综合中西思想史上的人文思想与当代的科学成就的基础上，试图构造一个以人为中心的宏大的思想体系。其抱负之宏伟、视野之开阔，在并世的中国思想家里还难以找到几个对手，在西方思想界也是不多见的。

要构造如此宏伟的新人文思想大厦谈何容易。潘光旦经过多年的探索，直到1946年夏写作《派与汇》时，也才只是看出了新人文思想的端倪，找到了可以用来构造它的体系的几条头绪。由头绪而线索，由线索而脉络，由脉络而纲领，最终达到提纲挈领、纲举目张的程度，中间还需要经过无数艰苦的努力。在《派与汇》里面，潘光旦提出的是五个头绪，其关系可图示如下：

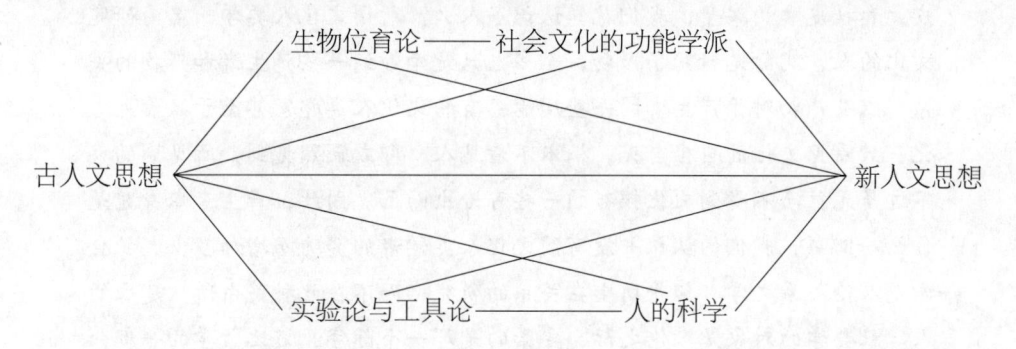

```
        生物位育论————社会文化的功能学派
古人文思想                                新人文思想
        实验论与工具论————人的科学
```

《派与汇》并不是潘光旦人文思想探索的最终成果。在此之后，他发表的一系列社会思想史的论文，对《派与汇》的思路又有所拓展，所以，我们不能以《派与汇》作为最终的定型来看潘光旦所提出的新人文思想。它是"汇"，不是"派"。既然不是"派"，就没有关闭大门，而是欢迎同样看重人本身、在以上所说的几个主题范围内的思想流派进入并参与汇合。

1948年潘光旦发表的两篇短文《边沁(Jeremy Bentham)二百年祭》、《悼柏蒂也夫(Nicolai Berdyaev)教授》就可以看作是他在新人文思想探索上的又一些成果。

……

到了抗战结束以后的复员时期，潘光旦对人文思想的兴趣明显加大。这时，他眼中的社会学又随之有了重要发展，基本上是在人文思想的视野下看待社会学了。在《派与汇》一文里，他之所以会那么看待费孝通的社会学理论，就是一个明显的表征。

从人文思想的角度看,潘光旦想要克服以往社会学研究中见社会不见人的弊病,把人本身作为关注的对象。这样说,并不是单单对社会学一门学科提出过于苛刻的要求,潘光旦站在人文思想家的高度对几乎整个社会科学和自然科学与人的关系都进行了批判性的评论。他认为,各门社会科学名义上以人为研究对象,实际上却有名无实,它们所关心的,都是处于人外围的种种事物,而不是人本身这个核心,是为"迂阔不切";自然科学中的人体生理学、心理学、医学一类的科学进了一步,针对着人本身,但是300年来流行的分析方法造成的结果却是"支离破碎",部分的细到了解,加起来并不能了解完整的人。对于人类学、社会学,他是这样评论的:

体质人类学算是最接近的,但它的注意范围很有限,除了活人的那一个皮囊,叫做形态的,和死人的那一副架子,叫做骨骼的,以及这两件事物在各种族中间的比较而外,也就说不上多少了。试问我们认识了这个皮囊和挂皮囊的架子,我们就算认识了人么?所谓文化人类学,名为研究文化的人,实际是研究了产物,至多也只是牵涉到一些产生者和产物的关系,以及产物对于产生者的一些反响;有的文化人类学家甚至于只看见文化,只看见文化的自生自灭,根本不看见人,即或偶然见到,所见到的也不过是无往而不受到文化摆布的一些可怜虫而已。因此,产生者本身究是什么一回事,我们的认识并没有因文化人类学者的努力而增加多少。社会学是人伦关系之学,似乎所重在关系的研究,而不在此种关系所从建立的人。社会学的对象是人伦之际,要紧的是那一个际字,好比哲学的一部分的对象是天人之际一般,所以在不大能运用抽象的脑筋的学子往往不免扑一个空。所扑的既然是一个空,不用说具体的人是扑不着的了。

社会学需要调整到以人为研究对象的路子上去,也就是实现"人化"。社会学"人化"应该从"明伦"做起。"明伦"是中国传统思想的一个词汇,一般指要求人们对人伦道德有良好的修养。潘光旦继承了生物演化论的学术传统和中西人文思想的精神,对"明伦"作出了新解释。他理解的"明伦",就是要把人与人之间的关系,建立在每个人对自己个别性的生物特性的自觉基础之上。对个体差异的认识是近代生物学以及才能心理学发展出来的见识,才能心理学尤其注意到对人类个体流品不齐的辨别。社会关系的探讨是社会学范围的事情,但是,它必须吸取近代生物学与才能心理学研究提供的人类个体差异与差等的见识。前者所重在关系,后者所重在类别，关系建立在类别的基础上。就是说，社会学必须建立在生物学与心理学的基础上，两方面共同合作，才能够完整地体现出"明伦"要求的"类别"与"关系"两层含义。社会学的"人化"需要从"明伦"做起，也就是这个意思。"明伦"的社会学思想，体现了潘光旦试图在科学地探讨人类生活事实的基础上，创建个人和社会各得其所、健全发展的理想追求。

在潘光旦看来，不先对个人本身的特性有一番清楚的、彻底的了解，一切探讨个人之间的社会关系形式（如形式社会学学派）、由各种社会关系叠加而成的社会体系以及延伸到具有时间深度的历史哲学的学说，统统都是不着边际的。即使学说建造得精巧无比，终究是没有生命力灌注其中的一个个空壳。潘光旦认为，社会学者要把了解人性作为自己的首要任务，即：

> 换言之，社会学者不得不注意到人性的问题，一般的人性与个别的人性。我们希望从事社会学的人要多有一些生物、遗传、生理、心理，以至于病理诸种学科的准备，原因就在此。我们也希望大家多涉猎到人文学科、哲学、历史、文学以至于宗教、艺术，原因也不外此，因为，关于人性的了解，目前科学所不能给我们的，以往人类所累积的经验或许能。

这段话写于1948年，比起1935年接受《清华周刊》记者采访时表述的社会学观来，有了重要的深化。在今天学科日益分化的形势下，要产生像潘光旦这样敢于打破学科边界、以问题为中心构筑极具个性的思想体系的学者与思想家，已经很难了。不能全面继承潘光旦留下的社会学遗产，不等于我们不可以从他的著述里汲取营养。二战以后的西方学术界，随着地区研究、文化研究、性别研究等学术思潮的出现，旧有的学科格局划分已经有了模糊的迹象，在这种背景下看，潘光旦的思路还能够启发我们的学术想象力。半个多世纪以前的潘光旦，虽然与社会学主流学术保持着一种不即不离的状态，但今天对我们启发最大的，倒还是像他这样不中规中矩的学者。

（吕文浩）

潘光旦主要论著：

1.《中国之家庭问题》，新月书店，1928年版。
2.《冯小青：一件影恋之研究》，新月书店，1929年订正再版。

3.《日本德意志民族性之比较的研究》，新月书店，1930年版。

4.《读书问题》，新月书店，1930年版。

5.《人文史观》，商务印书馆，1937年版。

6.《民族特性与民族卫生》，商务印书馆，1937年版。

7.《中国伶人血缘之研究》，商务印书馆，1941年版。

8.《优生与抗战》，商务印书馆，1944年版。

9.《优生概论》，商务印书馆，1946年再版。

10.《自由之路》，商务印书馆，1946年版。

11.《明清两代嘉兴的望族》，商务印书馆，1947年版。

12.《政学罪言》，观察社，1948年版。

13.《优生原理》，观察社，1949年版。

14.《湘西北的"土家"与古代的巴人》，载《中国民族问题研究集刊》第四辑，1955年。

15.《开封的中国犹太人》，北京大学出版社，1983年版。

16.《潘光旦民族研究文集》，民族出版社，1995年版。

17.《潘光旦文集》第1～14卷，北京大学出版社，2000年版。

18.《潘光旦教育文存》，人民教育出版社，2002年版。

19.《中国民族史料汇编·〈史记〉〈左传〉〈国语〉〈战国策〉〈汲冢周书〉〈竹书纪年〉〈资治通鉴〉之部》，天津古籍出版社，2005年版。

20.《中国民族史料汇编·〈明史〉之部》，天津古籍出版社，2007年版。

译注：

1. 霭理士：《性的教育》，青年协会书局，1934年版。

2. 霭理士：《性的道德》，青年协会书局，1934年版。

3. 霭理士：《性心理学》，商务印书馆，1946年版。

4.《赫胥黎自由教育论》，商务印书馆，1946年版。

5. 达尔文：《人类的由来》（与胡寿文合作），商务印书馆，1983年版。

6. 恩格斯：《家庭、私产与国家的起源》（见《潘光旦文集》第13卷，北京大学出版社，2000年版）。

社会学家李景汉

李景汉（1895~1986），北京通县人。

1910年，通州协和书院（潞河中学前身）读书。

1917年赴美留学，专修社会学及社会调查研究方法，并获美国珀玛拿大学学士学位。后至哥伦比亚大学、加利福尼亚大学攻读研究生课程，又获硕士学位。

1924年回国，任北京社会调查社干事。

1926年，任中华教育文化基金委员会调查部主任，兼燕京大学讲师。

1928年，任中华平民教育促进会定县实验区调查部主任。

李景汉

1935~1944年，任清华大学社会系教授、国情普查研究所调查组主任、西南联大社会系教授。

1944年，赴美国国情普查局进修，曾实地参加美国农业人口普查。

1947年，出席纽约国际人口会议，后在联合国粮农组织统计专家室工作，曾以联合国专家身份到南京普查训练班讲授普查方法。

1949年回国，任辅仁大学社会学系教授兼主任。

1953年起，先后任北京财经学院教授、北京经济学院教授、中国人民大学计划统计系教授、社会调查研究室主任。"反右"运动中被错划为右派分子。

1979年受聘为中国社会学研究会顾问。

1984年受聘为中国人民大学社会学研究所顾问。

1986年9月28日逝世。

一、小传

李景汉，中国当代社会学家、社会调查专家、中国民主同盟盟员、民盟中央文教委员会委员。1895年1月22日出生于北京郊区的一个农民家庭。早年在通县潞河学校求学。1917年赴美国留学，专攻社会学及社会调查研究方法。先在美国珀玛拿大学攻读大学课程，获学士学位；后在哥伦比亚大学、加利福尼亚大学攻读研究生课程，获加利福尼亚大学硕士学位。在攻读学士学位时出现了一件影响他一生的事情：由于当时中国没有关于人口、男女人口性别比例等基本的调查统计资料，多年来只有一个"四万万同胞"的估计数，无法回答教师提出的有关中国的问题，而同班的日本人、印度人、欧洲人等都能有根有据地加以回答。这件事深深刺伤了他的民族自尊心。强烈的国耻感促使他下定决心，回国后一辈子从事社会调查研究事业。

1924年8月回国后即任北京社会调查所干事，并参与许仕廉主编的《中国社会学杂志》(1924~1925)的创办工作。1926年起担任中华教育文化基金委员会社会调查部主任，兼任燕京大学社会学系讲师，与许仕廉、陶孟和、朱积中等人同是该系第一批中国教师，负责讲授社会调查研究方法，指导学生实地调查农村家庭生活水平。这一时期他发表的成果有《京兆农村的状况》(1926)一文和《北平郊外之乡村家庭》（1929）一书。

回国后头4年，其调查工作的重点是都市的下层生活，如人力车夫、手工业工人、行会等，相继发表了《中国人的普通毛病》（1924）、《北京人力车夫现状的调查》（1925）、《妙峰山朝顶进香调查》（1925）、《二十五年来北京生活费用的比较》（1926）、《北京无产阶级的生活》（1926）、《北京的穷相》（1927）等10多篇调查报告和文章。由于当时连"社会调查"这个名词也鲜为人知，朋友们对他风雨无阻地与下层打交道不甚理解，因此有人不无讽刺意味地送给他一副对联："谈笑无鸿儒，往来有白丁。"对此，他自己幽默地加上了一个横批："我行我素"。他回国后曾给自己规定三条：一不做官，二不经商，三不给军阀当爪牙。他一心一意搞社会调查，就是在实践自己的规定。他还不无自豪地言志说："老舍可以写一个洋车夫，我要写一百个洋车夫！"

1928年8月，他应晏阳初之邀担任中华平民教育促进会调查部主任，赴定县。以后7年，其调查的重点转到了农村。他之所以放弃城市高出几乎一倍的薪金和舒适得多的生活,是因为他渐渐感到中国大部分是农村,真正的民间也在农村。这一时期是李景汉最出成果也是奠定他在中国社会学史上地位的时期。他的主要著作《实地社会调查》(1933)、《定县社会概况调查》(1933)、《定县经济调查一部分报告书》(1934)等就是在这一时期编辑、写作、出版的。此外他还发表了《五百一十五个农村家庭之研究》(1930)、《定县民众负担之分析》(1934)等20多篇调查报告和文章。他又与薛暮桥任主编的《中国农村》有联系,所写的《定县农村借贷调查》(1935)就发表在该刊第1卷第6期上。他1936年发表的《定县土地调查》,明确提出要解决农村土地的私有制问题。

他说:"总之,我们不能不承认土地问题是农村问题的重心;而土地制度即生产关系,又是土地问题的重心;其次才是生产技术及其他种种的问题。若不在土地私有制度上想解决办法,则一切其他努力终归无效,即或有效,也是很微的一时的治标的。一个政府是不是一个革命的政府,一个政党是不是一个革命的政党,和一个人是不是一个革命的人,很可以从对于土地制度的主张来决定。"可见,在改良主义组织中工作的人,并非一定就是改良主义者。

《定县社会概况调查》是李景汉的主要代表作。这本书在中国社会学史上的地位,在于它是中国首次以县为单位的系统的实地调查成果。该书于1932年编定,1933年出版,全书17章。这本828页的巨著,有314个表格,62张照片,内容涉及定县的地理、历史、县政府和其他地方团体、人口、教育、健康与卫生、农民生活费、乡村娱乐、乡村的风俗习惯、信仰、赋税、农业、工商业、农村借贷、灾荒、兵灾等方面,从而较全面地描述了20世纪20年代末至30年代初定县以至整个华北的社会概况。该书的特点是:费时长,前后将近8年;人力多,仅从作品自序中提到的就有冯梯霞、张世文等近30人;让事实说话,不作评论,不下结论;为实用而调查,即为"平教会"的需要而调查。该书作者自序前还有晏阳初、陶孟和、陈达、陈翰笙等知名人士的序言。该书出版后得到孙本文和吴景超等数名社会学家的高度评价。这部著作现在仍然是国内外了解中国社会问题的一本必备读物,它为今天研究定县以至整个华北的社会概况提供了一条可供比较的历史基线,它使用的调查方法也仍然有较大的参考价值。

1935年8月至1944年,李景汉历任清华大学社会学系教授、清华大学国情普查研究所调查组主任、西南联大社会学系教授,并兼任云南省政府社会处编写的《昆明市志》顾问,还兼任《呈贡县志》的主编。在此期间进行了昆明1市3县农业人口调查、呈贡县人口普查,发表的成果有《呈贡县动态人口调查的实验》等。此外他还对云南少数民族作过调查，写有《摆夷人民之生活程度社会组织》、《凉山罗罗之氏族组织》等文章。

1944年他由清华大学派送赴美国国情普查局进修，曾实地参加美国农业人口普查。1947年李景汉出席在纽约召开的国际人口会议，代表中国发言，并加入美国人口学会。这一年他也开始在联合国粮农组织统计专家室工作，曾赴日内瓦参加世界农业普查会议。为筹备预定于1950年举行的世界农业普查会议，他还以专员身份至东南亚地区考察，并兼任东南亚许多国家的农业普查顾问。1949年李景汉以联合国专家身份在南京普查训练班讲授普查方法，尔后从南京回到了获得解放的北京。

中华人民共和国成立后，李景汉任辅仁大学社会学系教授兼系主任。1952年院系调整，社会学系被取消后，他主要从事统计学教学和研究，历任北京财经学院教授、北京经济学院教授、中国人民大学计划统计系教授。1956年秋，李景汉应当时《人民日报》总编邓拓之请，重新调查他30年前调查过的北京郊区的一些村庄。这个为期三个多月实地调查的成果，一部分以"北京郊区乡村家庭生活今昔"为题，从1957年春节起在《人民日报》连载三天。文章通过今昔对比，热情歌颂社会主义，并在反映农民经济生活和精神生活等可喜变化的同时，也指出了合作化后存在的一些问题。这篇文章在社会上引起了极大的兴趣和注意，《人民中国》、英文版的《中国妇女》杂志、广播电台等或向他约稿，或邀他作"今昔报告"。人民大学成立了由他主持的社会调查研究室，薛暮桥请他参加筹备一个由国家统计局、科学院和人民大学联合组成的社会调查团，计划在无锡、保定两地作重点调查。但是"反右"斗争的暴风雨，使他不得不沉默20多年。北京郊区的调查令人痛心地成了他一生中的最后一次调查。这次调查的大部分材料直到1981年才以"北京郊区乡村家庭生活调查札记"为题，由三联书店出版。他在1958年初被错划为"右派"分子，1979年5月得到改正。1979年李景汉被聘为中国社会学研究会顾问，1984年底被聘为中国人民大学社会学研究所顾问。在1985年1月22日中国人民大学为祝贺他执教60周年、诞辰90周年的座谈会上，他表示相信：总有一天，中国社会学将在世界上居于执牛耳的地位。1986年9月28日，李景汉病逝于北京。

（郑杭生）

陈 达　潘光旦　**李景汉**　陈序经
吴泽霖　陶云逵　费孝通

二、李景汉老师与中国社会调查

　　景汉老师离开我们已有多年，其授课时音容笑貌宛在。每忆联大的"社会调查"、"社会学入门"、"社会机关参观"、"贫穷研究"等课堂教学情景，历历在目，不胜依依怅惘，十分悼念先师，特别是他生前曾以《社会调查》讲义稿遗墨委我代为联系出版，迄今未果，十分不安。对他的传记，虽掌握一些材料，迄未写出问世，更感汗颜。但我已列入规划，定必完成。这也是在社会学恢复重建中责无旁贷之事也。

　　景汉先生是我国社会调查学科创始人，卓有成就的社会调查专家，学者。他先后执教母校清华大学、西南联合大学社会学系几十年，开设此课经久常新，殆至参加实际工作及理论工作，才感到他在此课教诲的都是基本功、基本技能，至今受用不尽。1952年院系调整，停办社会学系。景汉老师又在中国人民大学开办了社会调查研究室，做了不少调查工作，培养了不少从事调查工作的专业人才。

　　社会学是以调查起家的，离开调查，研究社会学就无从谈起。而调查本身，就是一门科学；不过人们总认为任何人没有受此专业训练的，也会进行社会调查，对调查这门科学不加重视。殊不知世俗调查与学术上、科学上的"社会调查"迥异。不少所谓调查，是经不起科学检验的。调查，不仅是技巧、方法，而且也是一门科学，一宗理论，受过专业训练与否，其成果殊异也。

　　远在20世纪20年代，景汉老师从海外游学归来，便开始调查北平市人力车夫，已故著名作家老舍的《骆驼祥子》名作（已搬上舞台银幕），其素材即汲取了《北平市人力车夫调查》的成果。而今时过境迁，历史上的人力车夫已不复见了，调查保存了史实，可见其重要性如何了。同时，景汉师率清华、燕京社会系学生在京郊挂甲屯等村落，也曾做过不少专题调查，开农村调查的先声，保存了不少与农业有关的历史数据。解放后，老师又故地重游，再做调查，以前后对比，显示了旧貌新颜。这一调查成果《人民日报》曾予发表，并出版了专著《京郊乡村调查札记》一书。该书对我国社会主义制度的优越性作了有理有据、实事求是的反映，具有科学性、趣味性，是其他有关书籍无可比拟的，是非常有说服力的宣传教育资料。此外，景汉老师还在市外的妙峰山（百花山）庙会及市内的天桥实地调查过，收集了不少民谣、民谚、民歌及在天桥拍摄的现场艺人活动照片,这是研究民间文学艺术很好的参考史料,为研究首都文化发展史所必需。这些历史资料,好比文物一样弥足珍贵、无可替代。老师一向主张让事实说话,治学严谨,实事求是,故所据资料真实可靠。

我党素重调查,毛主席早有"没有调查,就没有发言权"的论断,以昭告全党,并一再兴起调查研究之风。特别是在建立社会主义市场经济的今天,掌握市场动态、交流经济信息、了解消费心理……无一不靠调查开路。由此可见,迫切需要及早出版景汉老师《社会调查》史著。由于景汉老师遗稿《社会调查》一书鲜为人知,故书此以缅怀先师,寄托哀思,并公诸母校师友,以求为出版该书寻找支持,以了夙愿,而告慰先师于九泉。

(李良)

三、学习李景汉老师做社会调查工作

李景汉老师是社会学、社会调查科学的老专家,是国内外享有盛誉的学者。六十年来,他一直孜孜不倦地从事社会调查科学研究,做出了不少贡献,培养了不少这方面的人才。当此庆祝西南联大五十周年校庆之际,我们回顾李景汉老师的学术思想和学术活动,不仅是对他个人寄予深刻的怀念,也是对西南联大时期社会学系的纪念。

李景汉老师出生于北京市一个普通农民的家庭,是个爱国的知识分子。但是,他一生在学术上、政治上都经历过一段坎坷的道路。他1917年赴美攻读社会学,前后七年,归国以后从事社会学的研究和教育工作。他以科学的治学精神和严谨的治学态度长期在国内外做社会调查工作,对社会经济、政治、文化教育、卫生、人民生活等各个方面进行深入的、科学的、系统的实地调查和分析研究,讲求实际效用。他的研究成果在国内外都产生了相当大的影响。他曾在清华大学、西南联合大学、国情普查研究所任职,解放后先后在辅仁大学、中央财经学院及中国人民大学等校教授社会学、社会调查,并曾在联合国粮农组织及东南亚数国任职。1957年的一场政治运动使李景汉老师遭受到了不应有的袭击而不得不保持沉默,但他并没有丧失信心。1979年成立社会学研究会时,他又以八十五岁的高龄出任研究会的顾问和中国人民大学社会学研究所顾问,为重建社会学贡献力量。

艰苦岁月中的社会学先驱

陈 达　潘光旦　**李景汉**　陈序经
吴泽霖　陶云逵　费孝通

1936年清华大学社会学会成员合影。前排左五潘光旦、左六李景汉。

采用近代科学的方法来做社会调查在我国是起步很晚的，而且有些调查往往还是在西方社会学者乃至一些传教士的指导下进行的。例如，最早在1914～1915年所做的北京人力车夫的调查；1917年清华学校教授狄特莫指导学生对北京西郊195户居民生活费的调查；1918～1919年美国传教士甘博及燕京大学教授仿照美国春田市调查进行了有关北京历史、地理、政府、人口、经济、宗教等方面的调查。以后，我国科学的社会调查才逐渐展开。李景汉在美国读书时，常常对中国社会问题的统计数字都不能回答。他认识到要解决中国的社会问题，必先摸清情况，而要摸清情况就必须深入调查，因而立志在学成回国后，要一心一意地到劳苦大众中去做调查，做对社会有益的实际工作，为改造社会寻求有效的途径。他立下了"一不做官、二不经商、三不为军阀当爪牙"的"三不做"信条，于1924年回国以后立即投身于社会调查工作。

从1924年以后，李景汉老师六十年来坚持不懈地进行社会调查，留下了丰富的调查研究的论文和著作，例如《中国人的普通毛病》（1924）、《北京人力车夫现状的调查》（1925）、《家庭工资制度》（1925）、《妙峰山朝顶进香的调查》（1925）、《京北农村的状况》（1926）、《二十五年来北京生活费用的比较》（1926）、《数十年来北京工资的比较》（1926）、《数十年来北京生活程度的比较》（1926）、《北京无产阶级的生活》（1926）、《社会调查在今日中国之需要》（1932）、《华北农村人口之结构与问题》（1934）、《深入民间的一些经验与感想》（1935）、《中国农村土地与农业经济问题》（1936）、《中国农村金融与农村合作问题》（1936）、《摆夷人民之生活程度与社会组织》（1940）、《社会调查与社会计划》（1941）等。解放后，李老师于1956年秋在北京郊区对农民家庭进行了几个月的实地调查，写出《北京郊区农村家庭之今昔》的调查报告。这篇调查报告通过大量事实进行今昔对比，热情讴歌了社会主义，在反映农民经济生活和精神生活方面一系列可喜变化的同时，也实事求是地提出了合作化以后存在的一些问题。这篇报告于1957年春在《人民日报》部分连载以后引起了国内外读者的浓厚兴趣。但这份用科学方法反映客观实际的报告却给李先生带来了意外的遭遇，李先生只好保持沉默。直到十一届三中全会以后，这份曾给人们留下深刻印象的社会调查报告才由三联书店编辑出版，书名为《北京郊区乡村家庭生活调查札记》。

六十年来李景汉先生留下的著作是大量的。这些著作蕴含着李先生的辛勤劳动，也鲜明地表达出了他的学术观点和治学态度。他的著作中最有代表性的是《定县社会概况调查》。这本巨著是李先生从1928年起在中华平民教育促进会所选的定县实验区经过前后七年的实地调查成果，采用现代社会学的调查方法与技术，又考虑到中国农村的具体情况、风俗习惯，系统地深入细致地调查了该县的政治、经济、文化、教育、卫生、工农业生产、家庭生活等社会概况，探索农村的教育以及基本建设等问题。这本著作出版后受到国内外学术界的重视。它从定县这样一个以县为单位的实验区反映出了中国特别是华北地区县辖区内的农村经济概貌。它不仅是李先生个人的代表著作，也是我国社会调查学术史上一本具有学术价值的著作。中国人民大学社会学研究所于1985年1月将这本著作重印出版，给予了很高的评价，认为这本著作是普查法、个案法、抽样法等调查方法在中国农村的实际应用，具有明显的中国特色，同时认为这本著作"现在仍然是国外研究旧中国社会问题的一本必备读物，了解旧中国情况的一个重要渠道"。

正因为《定县社会概况调查》这本著作是李景汉先生的主要代表作之一，而且有较大的影响和较高的学术价值，我们不妨对这本著作做一些简单的介绍和剖析，借以了解李先生在社会调查研究方面的学术思想、治学精神以及工作方法等。

（一）进行社会调查是有目标的，并非为调查而调查

李先生在美国就读社会问题研究班时，就为中国社会问题缺乏翔实可靠的统计数字、准确的资料而深感必须对国内诸多社会经济问题进行系统而科学的社会调查。他表示回国后"要一心一意地到劳苦大众中去做调查，做对社会有益的实际工作，为改造社会寻求有效的途径"。他在《社会调查在今日中国之需要》一文中指出："若要找出一条民族自救的出路、建设国家的办法，必先根本了解中国国家本身的内容。可是若要根本了解我国社会的内容，非先从社会调查入手不可。这种调查，必须为科学的、有秩序的、有系统的。"[①]李先生应中华平民教育促

---

① 《清华周刊》，1932年。

会之邀去定县实验区实地调查，在他领导编纂的《定县社会概况调查》一书的序言中即指出："中华平民教育促进会运动的目标是要在生活的基础上，谋全民生活的基本建设，解决生活的问题。"他们认为"愚、穷、弱、私"是当时中国社会的主要问题。因此，"定县实验区的社会调查工作，在平民教育运动的立场上，是要以有系统的科学方法，实地调查定县一切社会情况，特别注意愚、穷、弱、私四种现象"。同时他们指出："本会之调查工作不是纯为学理的研究，所谓为调查而调查，乃是为实用而调查，为随时应付本会之需要而调查。"凡此均可说明，他们在确定一个项目或对一个地区进行调查时是先确定了调查目标的。而在确定调查目标之后，他们开展工作的步骤、方法都为此目标而进行。

（二）深入群众，实地调查

李先生进行社会调查研究十分细致严谨，在调查之前先拟订计划、调查提纲，调查时则深入群众实地调查，取得第一手资料，并使资料准确而有代表性。他在1925年的《北京人力车夫现状的调查》即从三方面进行调查的，一是与人力车夫本人谈话，二是调查人力车厂，再则就是访问人力车夫的家庭。

社会调查当时在我国还是新生事物，特别李先生所调查的对象多是农民、人力车夫、手工艺工人等劳苦大众，他们没有文化，对社会调查易生疑虑，不易接受。李先生下去调查总是千方百计与他们接近，做一些对他们有益的事情，与他们交朋友，得到他们的信任，使他们愿意讲真话，然后再做调查，以得到第一手的准确材料。在调查时选择不甚困难而能办到，以及不致引起他们怀疑的事先调查，循序渐进，就可达到目标。李先生到定县去调查时，该地有的人认为他们是传教士，有的人以为他们是去征税的，也有的人以为他们是去招兵或与政府有其他关系的，存有各种怀疑，因此他们就在那里先办平民学校和普及简单的农业科学，以消除当地群众的疑虑。在调查项目中首先调查定县的历史、地理、县政府组织、赋税、风俗习惯、六十二村的户口、教育、娱乐、宗教、卫生等一般概况，进而渐及数量方面的调查。在全县各村进行一般的概况调查以后，就进一步进行较细的分项调查，如各村的土地状况、家庭手工业、家庭生活费用调查等。在取得群众信任，可以相互交谈后，就可进行个案调查了。正因为李先生深入实际、深入群众，他的许多调查报告及论著中都占有了丰富准确的第一手资料，对于进一步认识了解与分析研究我国社会各方面的问题是很有裨益的。

（三）实事求是，科学分析

在旧中国缺乏对人口、土地、人民生活各方面确切的调查，更无准确的统计数字。李先生在留学美国时就深感到我国在这方面的欠缺，认为对社会情况如不进行调查，就无从实事求是地进行科学的分析研究。以《定县社会概况调查》为例，他们去定县做调查，曾拟订了"六年计划大纲"，仔细拟订了工作进程，将调查工作分三期完成，并拟订社会调查包括地理、历史、政治、人口、家族、教育、卫生、娱乐、信仰、风俗、救济事业、交通与运输、农业、生活程度、工业、商业十六个调查项目，编纂成册的《定县社会概况调查》中共有三百一十四个表格，六十八幅照片，还有十八幅地图。他们以定县作为实验区进行如此全面仔细的调查，是为了对当时的社会状况进行分析研究。李景汉先生在他所写的序言中阐明了自己的观点："平民教育工作既是以实际生活为研究的对象，就必须到民间来实地工作，在实际生活里研究实验，在民间生活里找出生活的缺憾，寻求具体的方案。具体方案必须以事实为根据，而事实的根据必须以实地社会调查的结果为材料。否则拟定的方案不能与社会的情形适合，就不能对于人民的生活上、行为上发生任何影响，易犯药不对症或削足适履之病。"李先生正是基于这样的观点，坚持不懈地本着实事求是的精神进行社会调查并分析研究社会问题的。

1979年社会学研究会成立合影，前排右一费孝通、右三李景汉

（四）社会调查以农村为重点，尤以对农村的土地问题最为重视

李景汉老师一直很重视我国的农村问题，他的著作和论文中农村问题占了很大的比重，而且李先生对于农民也深有感情。他所写的论著及调查报告中有关于中国

农民问题的，有关于农村人口问题的，有关于农村中高利贷问题的，有关于农村土地问题、农村金融问题、农村合作化问题的等等。1936年他在《定县土地调查》一文中就指出："总之，我们不能不承认土地问题是农村问题的重心；而土地制度即生产关系又是土地问题的重心；其次才是生产技术及其他种种的问题。若不在土地私有制度上想解决的办法，则一切其他的努力终归无效；即或有效，也是很微弱一时的治标的。"他并且明确指出："一个政府是不是一个革命的政府，一个政党是不是一个革命的政党，和一个人是不是一个革命的人，很可以从对于土地制度的主张来决定。"李先生在20世纪30年代就有这种观点是很不容易的。

李景汉老师从20世纪20年代以后就孜孜不倦地致力于社会调查工作，给我们留下了大量著作。我是李先生的学生，在西南联大直接受到李先生的教诲。我将永远铭记，永远学习李先生在社会调查方面刻苦勤奋、深入群众、实事求是的科学态度。

（孙观华）

李景汉主要论著：

1.《北京人力车夫现状的调查》，1925年。

2.《北京无产阶级的生活》，1926年。

3.《北平郊外之乡村家庭》，上海商务印书馆，1929年版。

4.《五百一十五个农村家庭之研究》，燕京大学社会学系，1931年。

5.《定县社会概况调查》，中华平民教育促进会，1933年。

6.《实地调查方法》，星云堂书店，1933年版。

7.《中国农村问题》，上海商务印书馆，1937年版。

8.《北京郊区乡村家庭生活调查札记》，三联书店，1981年版。

社会学家、教育家陈序经

陈序经(1903~1967)，海南文昌人。

1915年，侨居新加坡。

1919年，回国就读广州岭南中学。

1922~1924年，上海沪江大学生物系肄业。

1925年，毕业于复旦大学社会系。

1926年，获美国伊利诺伊大学硕士学位。

1928年，获美国伊利诺伊大学博士学位。

1928年，回国受聘为广州岭南大学社会学系助理教授。

1929~1930年，赴德国柏林大学、吉尔大学进修。

1931~1934年，广州岭南大学社会学系任教。

1934~1948年，南开大学经济研究所、商学院教授。其间1946年兼任教务长、经济学院院长、经济研究所所长。

1937~1946年，西南联大社会学系教授，其间1938年5月兼任法商学院院长。又于1944年8月~1945年8月，在美国耶鲁大学讲学。

1948年8月，广州岭南大学校长。

1952年，中山大学筹备委员会副主任，1954年任中山大学历史系教授，1956年任中山大学副校长，1962年兼任暨南大学校长。

1964年8月，任南开大学副校长。

1956年任中国人民政治协商会议全国委员会委员，广东省政治协商委员会常务委员会委员。

1967年2月16日逝世。

陈序经

一、小传

陈序经（1903～1967），我国文化学、社会学、民族学等方面的杰出学者，著名教育家。1903年9月1日出生在当时的广东省海南岛(今海南省)文昌县清澜港瑶岛村。1915年随南洋经商的父亲陈继美前往新加坡侨居读书。

1919年，陈序经考入岭南大学附中。1922年考入上海沪江大学生物系。1925年夏天，陈序经在上海复旦大学社会学系毕业后，离沪赴美留学，他的父亲叮嘱他："学成一不做官，二不到南洋做生意，而是报效祖国。"陈序经在美国伊利诺伊大学研究生院攻读硕士学位，主科是政治学，副科是社会学。他于1926年获硕士学位，又于1928年获博士学位。暑假回国后，陈序经遵照父亲的叮嘱，决定为祖国的振兴而从事教育事业，受聘于广州岭南大学社会学系任助理教授。1929年陈序经前往德国留学。他在柏林大学一年，主要是研究政治学和主权论。接着，他又到德国北部的基尔大学一年，主要是研究主权可分论，并在基尔大学的世界经济研究院研究经济学。他勤奋学习德文、法文和拉丁文。回国后，陈序经继续任教于岭南大学，并兼中山大学教席。

1932年5月19日，广州的一些教育专家在中山大学举行教育讨论会，会后发表了对于现代大学教育的一些决议。决议之中有"停办文法科或减少数量，同时多设职业学校，以适应社会生活之需要"之论。陈序经清醒地看到，扶植职业教育，不能以牺牲大学教育为代价；平衡文、实科教育发展态势，不能以牺牲文、法科教育为代价。1932年5月26日他在广州《国民日报》上发表了一篇题为《对于现代教育方针的商榷》的文章。他认为，"职业教育的目的在求应用，而大学教育的目的却在求知"，所以这两种类型的教育本质不同，而且从世界教育的大趋势看，"世界文化进步较为显著的国家，未有不注重大学教育的"。他从教育的"真义"着眼，从文化的角度立论，进一步阐明人类生活的进步不仅仅反映在物质上的丰富与满足，更需要精神上的充实。他以法学、经济学、社会学、哲学等学科为例，说明文、法科教育在人类现实生活中的意义，进而指出几十年来所谓文、法科等教育的失败，以及职业教育的不振，不是在于此类教育本身，而是在于社会环境的恶劣和教育制度的不健全。陈序经以其卓见从根本上维护了大学教育的精神。

对于如何理解现代大学教育，陈序经在此后的《对于勒克教授莅粤的回忆和感想》、《敬答对于拙作〈对于现代大学教育方针的商榷〉的言论》等文章中，作了更为深入的阐述。

1934年8月，陈序经来到南开大学，任南开经济研究所主任。南开大学是由爱国教育家严修、张伯苓创办的一所私立大学，30年代正值南开发展的黄金时期，有着一批从欧美留学归来的优秀学者活跃在教学科研的第一线。南开经济研究所更是一个充满活力的学术团体，所长是著名经济学家何廉，尔后是获耶鲁大学经济学博士的方显庭。研究所实行一半教学、一半研究的体制，强调"教学与研究并举"。陈序经来到时，全所职员近50人，其中教授、讲师、教员、研究人员26人。全所有着明确的指导思想，坚持理论与中国社会实际相结合。陈序经在南开时，既是研究所研究导师，又是南开大学商学院教授。他为商学院二年级学生开设社会学，为三、四年级学生开设乡村社会学。陈序经勤奋热诚，教课认真，每天一定在清晨4时左右起床，开始备课、写教案或写文章，直到早饭时为止。他喜欢把同学请到家里了解学生学习情况，指导学生读书，他还习惯于独自到学生宿舍看望学生，帮助他们解决一些实际困难。

陈序经重视从实际出发，注重做社会调查。1934年到南开以后，他头一项工作就是规划主持"工业发展对社会影响的调查"，以河北省高阳县为重点，调查研究农业社会进入工业社会的原因、工业发展对农业社会的影响以及城市与农村的差异等问题。他亲自带人去河北高阳、广东顺德等地调查。他还亲自参加晏阳初主持的"定县实验区"的学术研究工作。抗日战争爆发时，他还在顺德调查现场。这期间，他在经济研究所出版的专刊上先后发表《乡村建设运动评议》(1937年)、《社会学的起源》(1937年4月)等数篇颇有影响力的论文。

1937年7月日本制造"卢沟桥事变"后，矛头直指天津。日本侵略者悍然轰炸南开大学，继之派兵进校纵火焚烧。随后日本侵略军盘踞校园长达八年之久。南开被炸时，陈序经已经到广东顺德开展蚕丝工业的调查工作，天津只有他的夫人和三个子女，形势危急，其妻携子女仓促南下，陈序经在国外多年搜求收藏的书籍、手稿和重要调查资料悉被毁损。

8月，国民政府教育部决定南开大学与北京大学、清华大学三校合组长沙临时大学。陈序经听到这个消息后，心情振奋，立即从广州北上南京会见张伯苓校长，然后转赴长沙，与杨石先、黄子坚等南开同仁参加筹办临时大学。1937年11月1日，三校师生在困难的条件下正式上课。

临大成立后，陈序经任长沙临大教授，1938年5月方显庭辞去法商学院院长之后，陈序经被西南联大常务委员会任命为法商学院院长。日军占领南京后西逼武汉，学校决定西迁昆明。1938年4月，教育部令临时大学更名为国立西南联合大学，西迁昆明。5月4日开学，因校舍不够，文学院和陈序经所在的法商学院在昆明以南300公里的蒙自分校上课。

陈序经是从香港乘船到越南海防，再乘火车经河内到昆明的，当时他与南开师生数十人运了部分书籍到昆明。5月初，陈序经到达蒙自，住在原希腊人在城内开设的歌胪士洋行。他与闻一多、陈寅恪、陈岱孙等住在楼上。三个月后，蒙自分校停办，两院师生迁回昆明。

陈序经回到昆明后，住在玉龙堆二号。1938年冬，他的夫人带着孩子来到昆明，全家迁到鸡鸣桥复兴新村南开为经济研究所部分职员租赁的房子，是一栋二层楼房。

联大八年，最可贵的是三校友爱团结。陈序经在三校之间、教师之间、师生之间都相处很好。从1938年5月，他即当选西南联大校务委员会委员，又是图书设计委员会委员、聘任委员会委员，10月，开始出席常务委员会会议，成为参与学校重大决策者之一，直到1944年5月31日。自1939年11月召开第一次联大校务会议起，他就是出席者之一，

1938年10月 陈序经、方显庭、杨石先、李卓敏（从左至右）在西南联大

并且自1939年5月始参加教授会活动。他还从事后方经济研究和研究生教学工作。陈序经的家属不久迁至重庆，他只身留在昆明。他还与黄钰生、杨石先、冯文潜负责南开驻昆明办事处的工作。

陈序经每年都给社会学系和政治学系开几门课程，如为社会学系开设"社会学原理"、"文化学"、"华侨问题"(最初与陈达合开)，为政治学系开设"现代政治学""主权论"等，同时也为其他系开设共同必修课。当年选修过陈序经课程的一位中文系学生回忆道：

我读的是中文系，但一年级有许多共同必修课，社会学即其一。我正在填写社会学课程卡片时，听一位南开的老同学在旁说："社会学是陈序经先生教，是他提出'全盘西化论'的！"

我一下便被这个口号吸引住了。上社会学第一课时，在借用昆华中学的一个大教室里坐满了人，一片闹哄哄声，都在等待先生的到来，我的脑子里却对陈先生作各种猜想。陈先生进教室了，穿的是一套灰黄色斜纹哔叽双扣西服，半旧了。这套西装虽然与我的想象不符，也许正是这半旧的色泽，更衬托出先生朴素的学者风度。

陈序经首次在大学中把"文化学"作为一门课程设置，从而建立了"文化学"这一门独立的、自成系统的科学学科。在昆明期间，正是陈序经学术创作的一个高峰。他不顾日机轰炸，潜心研究，写出了《文化学系统》共20册，成为他一生中最重要的学术成就。正如德国汉学家Klaus Birk在他的《现代化与西化》一书中指出的："陈序经是继梁漱溟之后中国第一个可以将他对中国文化的挑战和对其他立场的批评建立在自己的、相当系统的文化理论基础上的人。"

昆明当时的环境对于每个学者都是一个考验，物价飞涨，日机"疲劳轰炸"，几乎每天都现实地摆在教师面前。

陈序经把教学以外的大部分时间用于学术研究上，对自己多年所收集的有关文化学的资料及论战中所积累的心得进行了集中整理，深入开展对文化学的研究工作。正如他自己回忆所说，在这段时期里，"除上课、讲演与学校行政的工作以外，在阳台间坐，在南湖散步，以及在其他空闲时间，都可以说是对这个问题作了多少的考究"。1941年他的《暹罗与华侨》、《疍民之研究》由商务印书馆分别作为"史地丛书"之一出版印行。1944年陈序经又利用赴美讲学的机会继续收集文化学方面的材料。

抗战八年，陈序经在如此困难和敌机空袭的环境下，竟写了300万言的著作，占他一生著述总数近一半的文字，可见他当年在昆明做学问的毅力与成就俱是惊人。

陈序经淡泊名利，努力保持自己的独立和自由，毫不依附权势。当年按照教育部的规定，凡是联大院长以上高级行政人员都要加入国民党。然而，身为法商学院院长的陈序经却不肯加入，于是教育部乃让北大校长蒋梦麟特为此事劝说陈序经。他的回答是："如果教育部不任用非国民党员当法商学院院长，那么撤我的职好了，我宁可被撤职不当院长，也不参加国民党。但是我不会自动辞院长职。"这事后来由西南联大两位常委张伯苓、蒋梦麟去和教育部商谈圆场，以后便不了了之。陈序经的倔强耿直和信义操守，在法商学院数以百计的教师和数以千计的学生中赢得了同情和钦敬。

此外，当年教师出国访问考察也要先到国民党中央训练团受训。1944年8月，陈序经应美国国务院邀请要前往美国讲学，但他拒绝去中央训练团受训，他的态度是宁可不去美国讲学也不去受训。事情总要有所转圜，于是他同意当局请他去集训团讲一次课的要求。不久他去谈了中国工业问题，总算交了差。在他出国前陈立夫请他去吃饭，他也婉辞了。

在联大，学生进步力量与反动力量的斗争很长时间内都很激烈。陈序经虽然没有参加斗争，但对国民党、三青团的所为很反感，对进步同学则同情爱护。一位联大进步学生林元回忆当年与陈序经的交往时说：

> 1941年春"皖南事变"后，联大白色恐怖，一个地下党员通知我利用自己的社会关系撤退隐蔽到昆明郊区一个农村里，走时没有向任何师生告别。在乡间躲了几个月，失去了同党及进步同学的联系，十分寂寞苦闷，我便想起陈先生来。一个秋风瑟瑟的夜里，我化了装，回到昆明城内，走到那座四合院轻轻敲开了漆门。一个佣人引我到陈先生房间。陈先生正在灯下看书，见有人来猛然一愕，仔细看了看，认出了我，便又惊又喜迎上来，连说"进来，进来"。我在群社(联大地下党领导的外围组织——抄者)的活动是公开的，陈先生当然知道，忽然在学校不见我了，陈先生也自然心里有数。我把撤离学校后的经过情形告诉了他。陈先生分析了社会和学校的形势，劝我回来读完课程。他说如果有什么问题(指被捕)，他可以请张伯苓先生(当时是国民参政会副会长)营救我。看见我还在犹豫，又反问一句："难道张伯苓先生还不能保护你吗？"我同意考虑他的意见，不久便返回学校。

从1942年起，陈序经又参加了有关南开大学的复校准备工作。1941年日本和英美之间的太平洋战争爆发后，张伯苓预见到世界反法西斯战争的最后胜利将为期不远。张伯苓远见卓识，立即考虑抗战胜利后南开的出路和前途问题。他把杨石先、陈序经、邱宗岳、姜立夫等从昆明召到重庆，会同已在重庆的何廉等人，利用春节后的寒假时间，连续多次召开"南大复兴筹备会"。按照张伯苓的设想，一旦抗日战争胜利，南开大学要迁回天津，仍维持私立，并在昆明、重庆、北京、上海、广州办五所南开中学。张伯苓的远景规划使陈序经等人很受鼓舞，他们对南开大学的战后办学体制、院系设置、经费来源、师资建设等重大问题都进行了深入讨论，提出了实施意见。张伯苓指定陈序经参与南开大学复校聘任委员会，为南开返回天津做物色优秀教师的准备。陈序经对复校远景甚为兴奋，返回昆明后即着手物色人才。当时恰有联大毕业的广东老乡拟回南方，他立即介绍这位老乡去广西粤秀中学任教。他谈了张伯苓要办五所中学的计划，并说中等教育很重要。天津南开中学是当时全国有名的办学质量最高的学校之一，毕业生大部分考上北大、清华。这五所中学能办成天津南开中学水平，就可以为全国的大学输送大量优质学生，为国家的富强准备条件。他希望这位青年在粤秀中学取得经验后，将来回广州办南开中学。

1944年8月至1945年，陈序经经张伯苓同意和西南联大批准，赴美国耶鲁大学讲学，所到之处努力宣传中国人民抗日的形势，呼吁美国积极参加对日战争，并且坚定认为国共两党可以合作争取抗日最后胜利。1945年8月，日本侵略者败局已定，陈序经急切地回国，拒绝了各方面的挽留，9月回到昆明就积极投身到南开大学的北迁复校工作中去。

1946年南开大学复校回到天津后，陈序经任学校教务长、经济学院院长、经济研究所所长，并一度代理政治学系主任，同时又是南开大学聘任委员会委员、招考新生委员会和毕业生成绩审查委员会负责人以及训育委员会当然委员。学校刚刚回到天津，校址分为八里台南院、六里台北院、甘肃路东院，学生住宿和上课分散，教学条件十分困难，百废待兴，百端待举，加上当时国民党统治区通货膨胀，广大师生挣扎在饥饿线上，教学工作受到多方掣肘和干扰。陈序经带领教务处人员积极推动教务管理，排定课程，修订《国立南开大学学则》，制定《旁听生规划》、《国立南开大学教师聘任待遇规程》等，使教学工作较好地步入轨道。

陈序经在繁忙的学校行政工作之余，仍然围绕文化问题开展范围广泛的学术研究，1947年出版《文化学概观》(1～4册)，1948年出版《南洋与中国》，同时，为政治学系、经济学系开设社会学，其讲授特点也是着重文化。陈序经在教育思想上主张兼收并包，各抒己见，在他兼代系主任的政治学系学术思想活跃。《1948年的南大》介绍政治学系写道：在政治学系"您可以自由地研究各种政治思想、制度、人物和现象，您可以听到卢梭、孟德斯鸠的学说，也可以研究马列的著作；您可以明了英美的政治，也可以明了苏联的制度；您可以晓得希特勒、墨索里尼的罪过，也可以知道孙中山、列宁、罗斯福的伟大；您可以清楚过去的演变，也可以判明未来

陈 达　潘光旦　李景汉　**陈序经**
吴泽霖　陶云逵　费孝通

的进程"。

陈序经对于学术敬业而且乐业。他不是学究式人物，而是论辩型学者，敢于坚持学术人格。他的学术主张引发过三四十年代的多次学术论战，如围绕"全盘西化"主张展开的中国文化出路问题的论战，围绕教育中国化和现代化以及大学教育方针的两次论争等。

抗战胜利后，陈序经对中国的大学建设和学术复兴给予了很大关注，并因此与北京大学校长胡适发生了针锋相对的论争。胡适在天津《大公报》发表了题为《争取学术独立的十年计划》的文章，主张在战后的第一个五年内由政府指定五所大学建设一流大学。陈序经就此撰写了《与胡适之先生论教育》等文章，针锋相对地阐明自己关于大学教育的思想。他指出，胡适可能凭着"一点偏私"感情的作用，随意提出重点建设北大、清华、武大、浙大、中央这五个大学的建议，有违胡适一贯的治学精神。而且，即使当时的国民政府支持胡的此种计划，这也仅仅代表政府的言论而非社会公论，不能体现社会的公平。上述五校均为国立大学，且有一定的政治背景，胡适的选取标准自然有所偏差。陈序经针对当时大学教育的实际，无所避忌地指出："国立大学，固可以成为政治上的党派人物所利用，而不得其公，国立大学也可以成为教育上的学阀所利用，而不得其公……私立大学，虽名其为私，固未必是为私，除了一些办学以敛钱的外，办教育总是为公。"针对胡适提出的"学术独立"的号召，他认为，"学术是没有国界的，所谓学术独立，会变为孤立，而成为闭门造车的流弊"，与其如此，不如改称"争取学术并立"，"我们所要争取的是想与欧美的学术并驾齐驱，或是进一步的去驾而上之"。陈序经认为，大学的发展，要有充裕的经费、

陈序经、陈寅恪、姜立夫（从左至右）在广州中山纪念堂。

仪器设备、人才、良好的学术风气，还要有美国、欧洲大学那样的知识水准。在经济凋敝，国家亟待重建，中国大学教育处于"萌芽"阶段，学术水平还很落后的情况下，政府对于高等教育的发展应当特别注意两点：一要重点培植各大学有成绩的院系或科目；二要重视各大学在地域上的重要性与特殊性，要改变中国大学教育一向集中在北平、南京、上海等地的不合理状况。他建议西北的考古工作，最好在西北的大学中发展；西南民族研究，最好在西南的大学中推动。陈序经的这些见解是比较符合当时的中国国情和大学教育实际情况的。胡适曾深信："用国家的大力来造成五个十个第一流大学，一定可以在短期间内做到学术独立的地位。我深信，只有这样集中人才，集中设备，只有这一个方法可以使我们这个国家走上学术独立的路。"而陈序经则客观地指出，在一个国难甫平需才尤急的时代背景下，如果有限的学术资源仅被几所大学所享有，则必然会影响到整个中国高等教育的发展，牵一发而动全身，这也会阻碍中国现代化发展的进程；而且，学术研究与大学发展不必仅限于个别的国立大学，其他私立大学和研究机构同样可以承担学术的发展计划，而且以往的事实也证明了这一点。

在这次教育论争中，陈序经对于中国大学发展与建设的设想，充分贯彻了他一贯的教育现代化思想，表现了他的爱国情怀以及他对中国大学教育发展的深切企盼。

随着两种命运、两种前途决战的进展，陈序经作为一个爱国知识分子，对国民党有了进一步的认识，对物价飞涨、人民困苦和师生生活待遇的急剧恶化深感不满。1946年12月，陈序经与南开大学24名教授、副教授，会同北大、清华的季羡林、江泽涵、马大猷、殷宏章、毛子水、钱思亮、沈从文、陈岱孙、雷海宗、钱伟长等教授，为改善教师生活上书蒋介石。1947年4月，全校教师罢教、罢研、罢工三天，抗议教职工待遇菲薄。同年5月28日，南开教职员工又在平津八校发表的时局宣言上签名，反对南京政府独裁、内战的政策。陈序经同情学生的爱国民主运动，尽力保护爱国学生不受天津当局的伤害。1948年5月4日，南开大学学生在校内思源堂前广场举行纪念五四大会，陈序经发表演讲，抨击南京政府，号召青年发扬五四爱国精神。

陈序经在马来西亚、新加坡、泰国上层华侨中有着较大影响，与香港著名人士费彝民、澳门总商会会长何贤也有密切关系。1948年春，他曾有东南亚之行。4月底，他正在新加坡旅途中，接到了广州岭南大学董事会一封电报，聘陈序经为该校校长。他接电报后想到多年服务的南开大学，想到多年来张伯苓校长对他的器重，内心非常踌躇，一时未作回答。返回天津后，约过了半个月时间，陈序经去见张伯苓，说明岭南大学催促很急，请张伯苓出面致电岭南大学代为谢辞。张伯苓听后没有立即明确答复。两天之后，张伯苓找陈序经长谈，同意陈序经短时期到那里去帮忙。张伯苓认为，岭南大学可以在华南独树一帜，面向华侨，吸引华侨学生和侨胞的财力支持，其发展前途无可限量。张伯苓鼓励陈序经能从这一基点出发，为岭南大学的教育事业贡献力量。

1948年7月23日，陈序经离津赴岭南大学。

从1948年8月，陈序经开始主持岭南大学，这是他有可能按照自己的教育理念办大学的契机。但是，解放战争摧枯拉朽的形势，已使这所教会大学难以平静地维持下去。广州解放前夕，岭南大学顾问委员会想把学校迁往香港。在这关键时刻，陈序经没有屈从某些人的意见，毅然把岭南大学继续留在广州，把一个完整的大学交给了人民，他本人更坚定地表示决不离开广州逃往国外，他还尽力说服有些想到国外去的专家学者。他的率先垂范和恳切相留，使一批著名学者包括在国际上有名望的大师留了下来。这也对当时其他院校的稳定和迎接解放起了一定的作用。

1952年，广东省院系调整，岭南大学与中山大学合并，陈序经任中山大学筹备委员会副主任。1954年，陈序经任中山大学历史系教授，筹建中山大学东南亚研究室。1956年，陈序经被评为一级教授并任中山大学副校长、全国政协委员和广东省政协常委。这个阶段，陈序经集中精力进行东南亚历史的开拓性研究，连续写出《东南亚古史初论》等八种专著，约110多万字，填补了我国这一研究领域的空白。

1962年，陈序经出任广州暨南大学校长。他提出："要办好暨大，首先要做好两件事：一是提高教学水平和学术水平；二是建设好的校园。"陈序经认真贯彻"高教六十条"，工作深入细致，并从外校、外省聘请一批专家、教授到校任教，充实各系的教学骨干力量和科研骨干力量，为提高暨大的教学水平和学术水平做出贡献。陈序经十分重视学术研究，他认为"学术水平提高了，教学水平就会更上一层楼"。因此，他经常鼓励教师多搞科研，而他自己也抓紧时间进行学术研究和开展社会调查。1964年5月，陈序经前往海南岛进行考察。是年6月，他到云南西双版纳及芒市访问和实地调查。

1964年秋，陈序经调任南开大学副校长。1965年，陈序经最后一部学术著作《泐史漫笔——西双版纳历史释补》脱稿。"文化大革命"期间，"资产阶级反动学术权威"、"牛鬼蛇神"、"里通外国的老牌特务"等莫须有的罪名一下子统统加到陈序经的头上，无情的批判斗争、肉体的折磨和野蛮的抄家彻底摧垮了这位学者，1967年2月19日因心脏病猝发，年仅64岁的陈序经含冤逝世。

阴霾终于过去，中国大地再一次阳光普照。1979年5月20日，天津市在天津烈士陵园举行陈序经追悼会，陈序经得以平反昭雪。

（梁吉生）

二、学术评传

陈序经教授学识渊博，学贯中西，著作等身，涉及多个学科领域，在学术界有着很大的影响。端木正教授在《陈序经东南亚古史研究合集》一书的序言中指出，陈序经教授是"现代中国学术史、教育史和文化史上的大师。先生学识渊博，涉猎深广，凡历史学、政治学、社会学、经济学、教育学、法学、民族学，无不精审，且每多独到之见"。江静波教授在《缅怀陈序经校长》一文中也说："他既是一个有真知灼见的思想家，又是一个埋头耕耘的教育家；他既是一个学问渊博而虚怀若谷的学者，又是平易近人，时刻为师生、为学校着想的老师和校长。"①

在陈序经教授的学术著作中，有关文化学的著作占有重要的地位，它不仅数量多，内容丰富，自成系统，而且影响深远。1930年，还在德国留学的时候，他就写了《东西文化观》一文，运用西方社会学、文化人类学的相关理论，较为系统地分析了中国传统文化与近代西方文化的异同，对中西文化的优点和缺点作出评价，对文化方面的复古派和折衷派进行批判，鲜明地提出要全面接受西方文化的主张。过后，他出版了一系列专著，系统地论述这个问题。

什么叫做"文化"？这个问题在国内外众多的学者中间有着各种不同的解释。经过反复研究，陈序经给"文化"作出一个广义的解释，他认为："文化即不外是人类适应各种自然现象或自然环境而努力于利用这些自然现象或自然环境的结果，文化也可以说是人类适应时境以满足其生活的努力的工具和结果。"②他又说："文化可以说是人类适应时境以满足其生活的努力的工具和结果。"③这一定义告诉我们，这里所说的文化概念"是广义的，它包括人类创造的生活的一切方面：经济、

---

① 陈序经：《陈序经东南亚古史研究合集》，海天出版社，1992年版；江静波：《缅怀陈序经校长》，见陈其津：《我的父亲陈序经》，广东人民出版社，1999年版，第309页。
② 陈序经：《文化学概观》，见杨深编：《走出东方——陈序经文化论著辑要》，中国广播电视出版社，1995年版，第337页。
③ 陈序经：《中国文化的出路》，见《走出东方——陈序经文化论著辑要》，中国广播电视出版社，1995年版，第61页。

陈 达　潘光旦　李景汉　**陈序经**
吴泽霖　陶云逵　费孝通

政治、科学、文学、艺术、哲学、风俗、伦理、宗教等等；而不是马克思主义所说的狭义的文化，即相对于经济基础的意识形态上层建筑"①。它还告诉我们，文化是人类创造的。人类创造文化要适应时境，时境是不断变化发展的，文化也是不断发展进步的。

陈序经教授在他的著作中详细地阐述了文化圈围理论、文化演进理论以及文化的一致与和谐理论。有学者认为，文化圈围理论，实际上是文化整体论，陈序经教授利用这一理论来说明文化上的折衷主义是行不通的；文化的演进论，也可以说是文化的进化论，陈序经教授利用它来说明文化上的复古主义也是行不通的。从西方近代文化与中国传统文化的实际对比中，从西方近代物质文明和精神文明与中国的贫弱的实际对比中，陈序经教授得出结论："欧洲近代文化的确比我们进步得多。""西洋的现代文化，无论我们喜欢不喜欢，它是现世的趋势。"② "全盘西化的主张是中国文化最好的出路。"③

此外，陈序经教授还引发了有关中国文化出路问题的论战。1933年12月29日，他在中山大学发表题为《中国文化之出路》的演讲。他认为，中国的问题，根本就是整个文化的问题，为中国的前途计，我们要为它寻找一条出路。他主张，要让中国文化彻底地西化。这篇讲稿在广州《民国日报》发表后引起一场激烈的争论。张磐从经济史观出发，反对陈序经的"全盘西化"论。陈序经发表《关于中国文化之出路答张磐先生》等论文进一步说明自己的主张。

为了配合国民党政府提倡尊孔读经和开展"新生活运动"，在反动当局的授意下，王新命等十教授于1935年初发表了《中国本位的文化建设宣言》。它夸大西方文化对中国社会的冲击和中国的特殊性，主张加强中国本位的文化建设，提出不守旧、不盲从的口号，既不赞成完全模仿欧美，也不赞成模仿苏俄。在这一年中，陈序经共写了八篇文章批判文化本位派和复古派。他认为十教授的文章是一篇守旧和复古宣言。他还与"折衷派"的吴景超、与"西化派"的胡适展开论战，进一步阐明他的"全盘西化"主张。

在八年抗战时期，在西南大后方也有过一次关于中国文化问题的论战。当时，张申府、冯友兰、贺麟等人在论著中从不同的方面批判陈序经的"全盘西化"论。1941年1月26日，陈序经发表了《抗战时期的西化态度》一文，对张、冯、贺等人的观点进行反批判。

---

① 杨深编：《走出东方——陈序经文化论著辑要》前言，中国广播电视出版社，1995年版，第12页。
② 《中国文化的出路》，见邱志华编：《陈序经学术论著》，浙江人民出版社，1998年版，第83~84页。
③ 陈序经：《东西文化观》，见《走出东方——陈序经文化论著辑要》，中国广播电视出版社，1995年版，第425页。

当然,"全盘西化"是一个有争议的问题,过去曾有学者从不同的角度对"全盘西化论"进行过批判。近年来,随着对陈序经文化思想研究的不断深入,不少学者已对陈序经的文化思想作出全面的评价。

1994年,杨深提到陈序经关于"我们只能全盘放弃中国传统文化,同时必须全盘接受西方近代文化"这个结论时指出:"这种不无偏颇的观点确有民族虚无主义之嫌,但是其主要矛头是针对当时的复古主义思潮的,并且其主要目的是要促使中国学习西方先进文化,尽快实现工业化和现代化。从陈序经先生一生的言行来看,应该肯定,爱国一直是他生平的主导倾向。""陈序经先生一生最关心的是中华民族的复兴和强盛,企图为中国的救亡图存找到一条出路,他怀着热爱祖国的深厚的民族感情,希望中国通过接受西方先进文化,最终成为屹立于世界民族之林的现代化强国……我们应该以历史唯物主义的科学态度,对他的生平学术思想作出实事求是的公正评价。"①

1997年4月,邱志华在编《陈序经学术论著》时指出:"陈序经的全盘西化论,无疑有某些偏激之处。但作为中西文化问题上的一个派别的主要代表,其理论观点自然有着不可抹煞的历史意义和学术价值。编辑上述两书的目的,就是为了将陈序经全盘西化的本来面貌呈献给当代中国的读者,评论其得失,为探讨中国文化在现代化过程中的出路提供经验教训。"②

1991年,德国学者Klaus Birk写了《现代化与西化——中国三十年代中期关于"全盘西化"问题的一场论战》一书,介绍陈序经提出"全盘西化"主张的历史背景和理论基础,介绍当时这场大论战的情况。作者认为:"陈序经对各种西方文化理论也进行了十分深入的研究。然而,他并没有无保留地接受这些理论中的任何一个。陈序经是梁漱溟之后中国第一个可以将他对中国文化的挑战和对其他立场的批评建立在自己的、相当系统的文化理论基础上的人。"③

在教育学方面,陈序经教授曾引发过两次论战,第一次在20世纪30年代,第二次在40年代。30年代的争论,主要集中在教育的中国化和现代化的问题以及大学的教育方针问题上。针对当时教育中国化、农村化的言论,他写了《教育的中国化和现代化》,竭力主张中国的教育要现代化。1932年5月19日,广州市的教育专家在中山大学开会,通过一项决议案,要大学停办文、法科或减少数量,要多设职业学校

---

① 杨深编:《走出东方——陈序经文化论著辑要》前言,中国广播电视出版社,1995年版,第8、59页。
② 邱志华编:《陈序经学术论著》编者叙意,浙江人民出版社,1998年版,第3页。
③ (德)Klaus Brik:《现代化与西化——中国三十年代中期关于"全盘西化"问题的一场论战》,马川译,莱茵笔会,1992年版,第15页。

以适应社会生活的需要。当时中山大学校长邹鲁、岭南大学校长钟荣光都支持这一决议案，但陈序经还是在5月26日发表《对于现代大学教育方针的商榷》一文，提出异议。他认为，职业教育的目的是在乎应用，而大学教育的目的是在于求知，假使人人能入大学，那么职业教育是用不着去提倡的，不过大学教育太落后了，所以不得不借用职业教育来补救一时之急。"大学教育的提倡，刻不容缓，今欲舍大学教育而取职业教育，混乱颠倒，曷甚于此。"[①]同时，他对停办或减少文、法科的做法也提出了批评。

1947年9月8日，北京大学校长胡适发表了《争取学术独立的十年计划》，主张在十年内由政府培植五到十所成绩最好的大学，成为学术独立的根据地，第一个五年，由政府指定的北京、清华、浙江、武汉和中央大学要达到一等地位。同时，胡适还反对近年的留学政策。9月9日，陈序经接着发表《与胡适之先生论教育》一文，提出不同意见。他认为，中国大学教育一向集中在平、津、沪几个地方，本来就不很合理，而且，"在世界上无论哪一个著名或所谓第一流的大学，未见得样样都办得很好……办得好的，往往也只是少数或一部分的院系"。办大学教育，"假设要有计划的话，合理的计划的话，那么我们对于已经办的有成绩的院系，既应该加以特别的鼓励，而对于大学教育的区域的特殊性，也应该加以特别的注意"。针对胡适的反留学政策，陈序经反驳说："我们不要忘记世界学术而尤其是自然科学日新月异，若说我们只靠买大量图书与最新仪器，就可以赶上人家，那是一个最大的错误。这是八十年前曾国藩的思想，还跟不上五十年前张之洞的留西洋不如留东洋的浅见。"[②]

在社会学方面，陈序经的《社会学的起源》是一本内容丰富的社会学史的专著。《疍民的研究》是我国第一本系统研究疍民问题的专著。他利用大量文献和实地调查资料，对疍民的起源、地理上的分布，疍民的人口、职业和教育，疍民的家庭与婚姻、宗教信仰，疍民的日常生活和歌谣，疍民与政府的关系等问题进行深入研究，受到学术界的好评和肯定。在闽粤水乡，疍民众多，陈序经一直关注着疍民问题。1957年，他还发表了《华南水上居民需要特别加以照顾》的文章，向人民政府提出很好的建议。

从20世纪30年代开始，陈序经教授还引发了关于乡村建设问题的论战。他发表了《乡村建设运动的将来》、《乡村建设的途径》等文章，批驳在乡村建设运动中

---

① 陈序经：《对于现代大学教育方针的商榷》，《大学教育论文集》，岭南大学西南社会经济研究所，1949年版，第55~56页。
② 陈序经：《与胡适之先生论教育》，《大学教育论文集》，岭南大学西南社会经济研究所，1949年版，第1~4页。

的以农立国的理论,主张乡村建设要以工业为前提,只靠农业不能解决农村问题,只有实现工业化,才能推动农业的发展,才能吸纳农村的过剩人口。

在历史学方面,陈序经教授的研究成果也很多,而在东南亚史研究方面成果尤为突出,在国内外享有很高声誉。

在20世纪30年代,暹罗一些学者大力宣扬唐代的南诏是泰族建立的国家,中国的南部是他们的故乡。当时,中国人民正在英勇抗击日本的侵略,而暹罗的亲日倾向日益明显,这种事态引起陈序经教授的关注。他看到暹罗近年社会的进步和排华思潮的出现,告诫国人:"今后不要蔑视我们的南邻。"他说:"东亚的独立国家,除了中国和日本外,只有暹罗。现在我们看不起我们的南邻,正与从前看不起我们的东邻一样。可是我们不要忘记,我们的南邻的野心未必减于我们的东邻。暹罗人近来常常说:唐代的南诏是他们的故国,中国的南部是他们的故乡。他们既是被迫而南迁,他们也许待机而北还。"[1]1943年,在日寇支持下,泰国军队曾侵犯我云南西双版纳边境,证实了陈序经教授的预见。

1939年6月24日,暹罗的披汶政府发出通告,将暹罗的国名改称泰国,推行"惟泰主义",对外实行亲日政策,对内大搞泰化运动,加紧排华。一直关注暹罗华侨境况的陈序经,在1939年写了《暹罗与汰族》一文,指出把暹罗改称泰国,是大泰民族主义膨胀的表现。他提醒人们,"谁敢肯定的说,所谓大泰主义的步骤,不是始而泰化暹罗的异族,继而合并其他各处的泰族,终要取回他们所谓的故乡呢?"[2]1939年底,他出版《暹罗与中国》一书。在这本书中,他驳斥了有关诸葛亮南征擒孟获、忽必烈平定大理引起泰族大量南迁、南诏是泰族建立的国家等不符合历史事实的论调[3]。

太平洋战争爆发后,国人更加关心东南亚地区形势的发展,关心东南亚华侨的境况,身在大后方昆明的陈序经又写了《越南与日本》和《谈救济华侨》、《论泰越的关系》、《泰越冲突与泰国危机》、《论战后南洋华侨的经济问题》等文章。这些文章,揭露了日寇企图占领法属印度支那的野心,揭露日寇为拉拢泰国而鼓动泰国挑起与法属印度支那的边境武装冲突的阴谋。陈序经认为,这场边境武装冲突对泰国来说是一场危机,泰国人受日寇指使挑起冲突,如果失败了,这是自杀政策;就是胜利了,也不过是引狼入室,终将灭亡。他希望泰国当局赶快觉悟,共驱东亚公敌。

---

[1] 陈序经:《进步的暹罗》,《独立评论》第二三五号,1937年5月23日。
[2] 陈序经:《暹罗与汰族》,《今日评论》第二卷第一期,1939年6月25日。
[3] 陈序经:《暹罗与中国》,商务印书馆,1939年版,第30~31页。

抗战胜利后,东南亚国家的民族解放运动发展很快,一些国家重新获得独立。面对这一新形势,陈序经又写了《新南洋的展望》、《论中国与南洋的外交》、《云南与华侨》等文章。针对暹罗政府不能公正对待华侨,拒不同中国建交,甚至在1945年9月发生了伤害华侨的耀华力事件,陈序经又写了《论中暹的关系》、《我们岂能再容忍暹罗》等文章。陈序经指出,战时,暹罗受日寇指使,亲日反华排华,战后,中国政府对暹罗采取既往不咎的态度,宣告中国对暹罗没有领土野心,尊重暹罗的独立自主,暹罗应与中国交换使节,建立正式的外交关系,还应取消对华侨的一切不平等待遇与法律。至于在曼谷发生的杀害华侨的耀华力事件,陈序经说:"在国人欢祝胜利的时候,而在暹罗的华侨犹遭残杀。南望侨胞,血流湄南,此而可忍,何以为国,更何以为胜利之国?我们诚恳的希望政府从速设法处理这个事件,因为这不只是国家的面子问题,而是侨民的生死关头呵。"①

1945年9月,中国军队入越接受日军投降,并解除在北越的日军武装,9月28日,在河内举行了受降仪式。1946年3月,陈序经到了越南河内,当时,中国受降部队尚未向法越交防。在河内和海防,他目睹了当时发生的历史事件,写下了《海阳桥》、《论法国人在越南的尊严》、《法军入河内记》、《压迫重重的越南华侨》和《河内与海防》等文章。他同情越南人民的民族独立运动,揭露了法国殖民者在越的窘态。他不希望中国军队长久占领越南,也不希望法国的军队长久统治越南。他关注在法国和日本统治下越南华侨所受的压迫和痛苦,也看到中国军队入越受降时越南华侨由欢乐而变为失望的过程。中国军队和政府官员在越南的"轨外行为"引起华侨的不满。所谓的"国币"和"关金"的贬值,通货膨胀,使华侨受了"国币罪",吃了"关金亏"。"越北的华侨,在我国的军队与政府人员初到该处的时候,大拍手掌,大燃炮仗,现在却有人说拍错手掌,燃错炮仗。可是尽管他们有了不少的失望,他们回忆过去法国人的种种虐待,日本人的种种残酷,以至越南人的民族主义,而有了排华意识,而尤其是在最近法国的军队之在海防的横蛮登陆,与在河内的扬威耀武,他们又感觉到国军完全撤退之后,他们又要处在别人的淫威之下。"②这在一定程度上道出越南华侨的心态。

战后南亚地区形势的发展,促使陈序经关心和研究东南亚的华侨问题。战争使东南亚的华侨经济和教育遭到严重破坏,陈序经教授在《南洋与中国》一书中发出呼吁,希望有关当局设法使东南亚华侨经济和教育得到恢复和发展。

---

① 陈序经:《我们岂能再容忍暹罗》,《南洋与中国》,岭南大学西南社会经济研究所,1948年12月初版,第103页。
② 陈序经:《压迫重重的越南华侨》,《越南问题》,岭南大学西南社会经济研究所,1949年6月初版,第46~52页。

从1954年开始，陈序经教授集中精力开展对东南亚历史的研究。他懂得西方多国语言，又熟悉中文古籍，收集了大量的有关东南亚古国的中外史料，对东南亚古国的历史逐一进行研究。从50年代至60年代初，共完成东南亚古史研究专著八种：《东南亚古史初论》、《越南史料初辑》、《林邑史初编》、《扶南史初探》、《猛族诸国初考》、《掸泰古史初稿》、《藏缅古国初释》和《马来南海古史初述》。1992年，深圳海天出版社把上述八种专著集中在一起，以《陈序经东南亚古史研究合集》为书名公开出版。该书内容丰富，共有一百一十一多万字，研究范围涵盖东南亚地区所有的古国，实质上是一部完整的东南亚古代史。在此之前，我国尚未有完整系统的东南亚古代史专著出版，陈序经教授有关东南亚古史的研究成果起到了填补空白的作用。

陈序经教授时任中山大学副校长，在公务繁忙之余，在几年内能写出百万字专著，在东南亚古史研究方面取得这么大的成就，首先是因为他对东南亚古史的研究带有强烈的使命感，把它视为应该肩负的一种责任。陈教授指出，中国与东南亚国家，从地理上看，彼此是近邻，从民族上看，彼此是近亲，在东南亚，还有千千万万的华侨，历史上中国与东南亚关系密切，在古籍中保留的东南亚史料最多，所以，"寻求有关东南亚各国的知识，是我们的一种责任"，"一方面整理我们固有关于东南亚的古代史料，一方面去寻求有关东南亚各国的古代史资料，互相对照，互相补充，使东南亚的人民，更加了解他们过去的光荣历史，使他们对于今后利用他们丰富的资源去建设他们的祖国，更加有了信心"[①]。

其次，陈序经教授把对东南亚历史文化的研究，视为一项严肃的政治任务。西方殖民者把自己说成是文明的传播者，诬蔑东南亚人民没有创造文化的能力，说东南亚古代没有文化。所以，陈教授强调要加强对东南亚历史文化的研究。他说："不只要研究东南亚各国的近代与现代的情况，而且，也需要研究这些国家的有关古代知识……我们应该用历史的事实去驳斥他们，使他们明白在他们的祖宗还正处在中世纪的黑暗时代的时候，东南亚的好多国家，如柬埔寨，如爪哇，文化艺术已经达到很高的地位。""在东南亚不只有文化，而且有很高的文化。不只有历史，而且有很长的历史。"[②]

陈序经教授对东南亚古史研究多有创见，引起国内外的关注。他认为，扶南是东南亚地区最早出现的一个陆上帝国和海权国家，有强大的海军，真腊原来是它的

---

① 陈序经：《陈序经东南亚古史研究合集》上卷，海天出版社，1992年版，第7页。
② 陈序经：《陈序经东南亚古史研究合集》上卷，海天出版社，1992年版，第6页。

属国。他广泛收集中国古籍有关扶南的史料,写成《扶南史初探》。在柬埔寨,没有发现关于扶南的文字记载,所以,西哈努克亲王在20世纪60年代访华时,他的秘书提出要会见陈序经教授。《扶南史初探》一书中提到的柬埔寨史事,柬埔寨人自己都不知道,他们对陈序经教授表示十分钦佩,并希望他能到柬埔寨访问。柬埔寨作协主席夏沈帕先生认为这本书"将大大有助于研究柬埔寨历史的人,可算是新发现的一个重要宝藏"①。

在20世纪60年代,陈序经教授还完成了两本史学著作:一是他撰写的《匈奴史稿》,二是他撰写的《泐史漫笔——西双版纳历史释补》。这两本书公开出版后,也受到学术界的重视。《泐史》是关于西双版纳历史的一本傣文著作,由李拂一先生在1947年译成汉文出版。陈序经在1965年写成的《泐史漫笔——西双版纳历史释补》,是国内第一本专门研究《泐史》的著作。

(余定邦　牛军凯)

陈序经主要论著:

1. 《中国文化的出路》,上海商务印书馆,1934年版。
2. 《中国文化史略》,上海商务印书馆,1935年版。
3. 《乡村建设评议》,上海大东书局,1935年版。
4. 《暹罗与中国》,上海商务印书馆,1939年版。
5. 《乡村建设运动》,上海大东书局,1946年版。
6. 《疍民的研究》,上海商务印书馆,1946年版。
7. 《文化学概观》(全四册),上海商务印书馆,1947年版。
8. 《南洋与中国》,岭南大学西南社会经济研究所,1948年。
9. 《社会学的起源》,岭南大学西南社会经济研究所,1949年。
10. 《越南问题》,岭南大学西南社会经济研究所,1949年。
11. 《大学教育论文集》,岭南大学西南社会经济研究所,1949年10月初版。
12. 《匈奴史稿》,天津古籍出版社,1989年版。
13. 《陈序经东南亚古史研究合集》(上、下卷),海天出版社,1992年版。
14. 《泐史漫笔——西双版纳历史释补》,中山大学出版社,1994年版。
15. 《关于全盘西化答吴景超先生》,《独立评论》第142号,1935年3月

---

① 陈其津:《我的父亲陈序经》,长征出版社,1999年版,第246页。

17日。

　　16.《再谈"全盘西化"》,《独立评论》第147号,1935年4月21日。

　　17.《从西化问题的讨论中求得一个共同信仰》,《独立评论》第149号,1935年5月5日。

　　18.《全盘西化的辩护》,《独立评论》第160号,1935年7月21日。

　　19.《猛族诸国初考》,《中山大学学报》,1958年第2期。

　　20.《骠国考》,《中山大学学报》,1962年第4期。

社会学家、人类学家吴泽霖

吴泽霖（1898~1990），江苏常熟人。

1922年，毕业于北京清华学校。

1923年，获美国威斯康星大学学士学位。

1925年，获美国密苏里大学硕士学位。

1927年，获美国俄亥俄大学博士学位。

1927年，任江苏扬州中学教师。

1928~1940年，任上海大夏大学社会学教授、系主任、文学院院长、教务长。其间1929~1937年，兼任上海光华大学社会学教授。

1941~1952年，任西南联大社会学系、清华大学社会学系教授。1943~1945年兼任昆明译员训练班副主任。其间1946年兼任清华大学人类学系主任及教务长。

1953~1958年，任成都西南民族学院教授兼民族文物馆馆长。"反右"运动中被错划为右派分子。

1958年，调北京民族文化宫参加筹建工作。

1960~1965年，任北京中央民族学院教授，"文化大革命"期间被遣回原籍。

1978~1982年，恢复中央民族学院原职，兼任中国社会科学院民族研究所研究员。

1982~1990年，中南民族学院教授、校学术委员会副主任，其间1985年被贵州民族学院聘为兼职教授。

1990年8月2日在武汉病逝。

一、小传

他早已蜚声中外，凭劳绩、品德和著述；坎坷的经历和悠长的岁月悄悄地销蚀着他的肌肉。

他有理由颐养天年。然而，他既不会太极拳的一招一式，也绝少有侍花弄草的逸致闲情。在心灵里，他有一把衡量自己行为的老尺子——克尽天职、无私奉献。孟德斯鸠曾说："我见过一些人，德行美好而态度自然，使人不感到他身怀美德，因为他们克尽天职，毫不勉强，一切表现如出本能。"他正是这样的长者。

在我国各级学术团体里，他有一长串头衔。接待来访、应承人求、提携后学、整理文稿、编纂书籍……繁重的工作令人叹惊，他却乐此不疲。夜阑人静，他还在一榻孤灯旁陪伴着细语的星辰，年复一年，日复一日。在人们看来是数米而炊的"闲事"，诸如拧紧滴水的龙头，关闭"常明灯"之类，他都不惮其烦，完全不符合所谓研究者注意琐屑是一种不幸的流行观点。

这等自然热力，昭示他对生活的热爱。

平常，很难觉察出他竟是饮誉海内的名流。他衣着平素，不趋时尚。在深度近视眼镜后面只有和善、慈爱的眼神，绝无漠然、冷峭的微光。从老人到顽童，从学者到清洁工，他都能以细腻的感情与之对话，对任何人都敞开心扉使人出言无忌，也赢得了人们真心实意的爱戴。冲动和争胜的情绪，会被他缓慢沉稳的语调所消解。在与人侃论世态、畅抒人情、深谈学理时，他总不乏诙谐和幽默，使人如沐春风。只消与他接触一两次，就会被他那优礼有加的态度和洒脱随便的举止所打动。

这等宽厚，表明他对人民的炽情。

（一）

我国著名社会学家、民族学家和教育家吴泽霖教授1898年10月28日诞生于江苏常熟。父吴龢，号石平，清末秀才，初以绘遗容为业，继因照像术勃兴，改作工笔画，是一位颇有艺术天才的长者，后来出了名。童年的吴泽霖领略了家道清贫的艰辛。为了纾难，他常替父亲着色画上，也赊过账，跑过当铺。父亲的安贫乐道，母亲的宽容热诚，感染着他那纯净的心灵。在艺术上，他受到了父亲的熏陶；在学业

艰苦岁月中的社会学先驱

陈 达　潘光旦　李景汉　陈序经
吴泽霖　陶云逵　费孝通

上,则全靠他的天资聪颖和焚膏继晷的勤奋。他只断断续续地上了两年小学,1909年便以优异成绩插入了高小三年级。毕业后,他考取了极难被录取的清华学校——即用"庚子赔款"的余额创办的"清华留美预备学校"。

1913年,14岁的吴泽霖带着浓重的乡土气息,进入了北京西北郊的清华园,开始了他的青少年时代。

清华九年,课业繁重,他用力特勤,收获至丰,成绩始终名列前茅。他涉猎的知识相当广泛,甚至通读了莎士比亚的富有诗情哲理的大部分著作。与"白面斯文人"相反,他很快以多才多艺闻名于校中。入学不久,他同级友闻一多等自编自演了新剧《革命军》,向反对革命、诋毁共和的逆流作了严正的挑战。他还是年级纪念集的美术编辑。他为人热心、公正,深受同学敬重,曾被全校同学推举为学生法庭的检察官。有一个时期,社会上的色情宣传和颓唐、靡朽的风气使一些学生迷醉于裸体女照和怪诞的美国电影。在污染了的水木清华,他一尘不染,洁身自好,且与闻一多、潘光旦、方重等组织"丄①社",大力抵制侵蚀。虽然学校鼓励学生为社会服务,但对于枯燥、乏味的活动很少有人涉足其间。他却倡导、组织课外服务,与程绍迥等创办了校职工夜校、校外儿童露天学校和成人识字班,联络了十几名同学担任义务教员,还动员同学捐赠通俗读物,为校外小村设立了小图书室。当了解到村内一些货郎、小贩缺乏资金时,他组织同学集资,无息借贷。这种为劳苦民众服务的素朴精神为他后来的思想升华奠定了基础。

至今,他仍对清华学校怀有深厚的感情,这不仅因为它植根于祖国的土壤,更因为他在这里有了第一次奉献的思索和思索的奉献。

自1914年起,清华园篱墙外的大千世界发生了一系列重大事件。剧烈动荡的现实不断为他提供新的视野,他的思想沿着一条"险径"慢慢地伸延,开始探寻生命的价值。第一次世界大战后期,他为中国终于加入盟军和对德宣战而欢呼,又为中国未派一兵一卒而不安。当时,盟军在中国招募派往欧洲专司后勤的华工,他见报载在北京招收译员,认为报国期至,毅然放弃可能留美的机会,同级友三人秘密应征。经考试、体检,他们被送到威海卫,不料在候船时事泄,被校方带回。校斋务处对他处以警告,他不以为意,而未酬报国宿愿,则使他极为沮丧。

1919年五四运动爆发不久,清华园也沸腾起来了。在爱国运动中,他从不落后于人。按照学生会的分工,他与闻一多等从事校内的宣传和文书工作,昼夜不辍。后来,北京学联派他和桂中枢、钱宗堡等四人到天津进行宣传鼓动。行前,他们在

---

① 古"上"字。——编者注

美国公使馆谋得了充作经费的捐款。在天津英租界，一面紧张地赶写中英文宣传品，一面四处寻找承印商号。当时，他那种潮涌般的爱国激情沿着已经开辟的渠道奔泻而去，可他又毕竟单纯了些。对五四的态度，英租界当局与美国公使馆迥然不同。他们一再摆脱警方的追捕，以致被迫潜入火车的厕所内返回北京。从那时起，半个多世纪过去了，每忆及此，他总有一种沉重的历史负疚感。这对于当年追求民主、坚信真理的人来说是很自然的。

在五四运动中，他同分享胜利喜悦的同学一样，经受了洗礼，开阔了眼界，开始认识到民众的巨大力量，更关心他们的疾苦了。华北五省大旱灾后，民不聊生。"华洋义赈会"捐巨款用于"以工代赈"。他与级友应募奔赴赈灾点德州充翻译兼协助发放赈款、粮食以及记账等。1922年上半年，他又应募到安徽寿县至颖上一带参加了万国红十字会组织的救灾工作。两次救灾工作使他更加为民众的寒楚而忧伤，并憧憬神州的春天。

然而，华北等地的哀鸿还在啜泣，北京城又发生了血腥镇压八校教师"索薪团"的血案。军阀政府的暴行激怒了教育界。全市总罢课不久，清华学生也无限期罢课。校方以大考临近勒令毕业班参加考试，且以"开除学籍"、"取消留美"相威胁。全班大多数同学服从校令，按期渡洋了。吴泽霖与其他级友仍坚持罢课，拒绝大考，以此维护北京学联的罢课决议和校际团结。在八年含辛茹苦、功败垂成的残酷现实面前，他没有沉吟，不假思索。勒令开除一宣布，他卷起铺盖，不卑不亢地跨出了校门，一身凛凛正气！他来到上海，谋职未果。不久，由于校董事会的"干预"，他同被开除的级友被召回清华，被处罚"留级一年"。当时，领导清华校务的外交部为挽回"面子"，决定以他们"具结"、"悔过"、"道歉"为条件取消开除令。他与级友宁愿光荣留级也不接受三条件。不久，学校公布了外交部所谓取消开除的部令。对于已经留级的人来说，它只是一纸空文；吴泽霖所不能容忍的是，其所出者，以相当慈善的面容威逼，以相当诚恳的神色抹黑。于是，吴泽霖与闻一多、罗隆基、高镜莹联名发表声明，揭露外交部"污辱人格"、"捏造罪名"、"滑头手段"和"威压政策"，指出罢考"光明正大"，无罪可悔，更无"自新"、"以观后效"之理。外交部的些许小态被刻画得淋漓尽致，他们的爱国大义抒发得酣畅淋漓。

是年秋，留美的行期到了。7月16日，他登上了远洋客轮。此刻，他既无欢乐幻想，亦无泪雨愁肠，怀着难以体味的情思告别了苦难深重的祖国……

陈　达　潘光旦　李景汉　陈序经
吴泽霖　陶云逵　费孝通

（二）

在美国，他苦读了五年，心无旁骛。

他起先就读于威斯康星大学三年级，翌年暑假于芝加哥大学加修一学期。获得学士学位后，他先后进入密苏里大学、俄亥俄州立大学分别攻读硕士、博士学位。除主科社会学外，他系统地学习了市政学、统计学、心理学、人类学、哲学、政治学和美国史等。后来他能够从事跨学科的研究，且以立说新颖、论证精辟、见识大胆从同侪中崭露头角，盖受惠于此。他的导师都是著名的社会学家。其中的米勒（Miller）和派克（Park）在20和30年代都曾来华执教于我国燕京大学。最令他折服的是洛斯（Ross）。洛斯不仅著述弘富，其《变化中的中国人》曾影响我国学界，而且从不趋炎附势，在斯坦福大学时发表了许多进步文章，大胆地揭露资本主义弊端，因此被校董事会解聘。洛斯对资本主义的态度，对吴泽霖能够比较客观地认识美国，冷静地洞察其善恶不无启发。

清华留美监督处每月发放的85美金，足够他支付房租和生活费。在密苏里大学、俄亥俄州立大学，他每年都获得奖学金。他有资力徜徉金元帝国的绿酒红灯，但他始终心如枯井。每年夏季，他参加分区举行的具有交际兼学术讨论趣味的中国留学生年会。他担任过中西部留美学生会和全美学生会的理事，胸前佩戴着全美社会学学生荣誉学会的金质会徽。凭他在留美学生中的上述地位和声望，可以在留学生带有政治色彩的活动中发挥举足轻重的作用。不过，他不适应多事的漩涡，既不赞成时髦的"国家主义"，也朦胧地感到一些人组织团体、出版刊物以期改造毒害弥深的祖国政治只是善良的愿望。目击美国科技的进步、生产的发展和生活的稳定，要求他保持原先的思维是不可能的。他认定只有文化知识才能救国。当然，那时他显然没有意识到：他衡量的对象越多，他的判断与事物之间的距离越大，他选择的救国道路是行不通的。五年中，除星期六下午在商业区走马观花，在美国朋友家玩一阵桥牌之外，他在图书馆、阅览室度过了大部分课余时间。米勒教授非常欣赏他的孜孜矻矻，在他毕业时还特意为他举行了不小的宴会。

身居异域，他未忘祖国文化。在中文资料极缺乏的条件下，他完成了硕士论文《孔子的社会思想》。文中他提出在孔子社会思想中不乏闪闪的光环，也不无斑斑铜锈。这种近于科学的分析，在20世纪上半叶，其难能可贵如闻空谷足音。天真和偏执的洪水常常冲破理性和常识的堤坝，一些人到美国后称羡美国的"自由"与"平等"。与此相反，他敏锐地认识到在美国的民族包容中存在着严重的种族歧视，这恰恰是对"自由"、"平等"的绝妙讽刺。他的博士论文《美国人对黑人、犹太人和东方人的态度》，以实际调查材料揭示了种族歧视的表现和根源。文中所阐发的有胆识的见解终究没有也不可能在美国产生发聋振聩的作用，这当然不必遗憾。

1927年6月，他学有所成。如果他欣然接受导师能够为他谋得的教职，就会像有些人那样渐渐如步青云或腰缠万贯；然而，崇高的民族自尊打消了他暂短的踌躇，压制了他细微的欲念。

他终于决定取道欧洲回国。

是年7月，他跨上了欧洲大陆。英、法、德、意等国的名城、文化中心、教堂、名胜和古迹都留下了他的足迹。他一路风光，采撷一路，物性土宜、民族习俗乃至旅游业的虚假、商人的欺诈等等，均形诸笔墨。他万没有料到，这些珍藏了近四十年的反映第一次世界大战后欧洲某些侧面的资料，竟在1966年疯狂的瞬间被"横扫"一空了。

1925年在美国留学时的吴泽霖

他也考察了同样遭到大战浩劫的各国的风尚：法国人的散漫，路旁设桌闲聊，吸香烟，赏女人；德国人的快节奏，勤劳，高度的职业感。这使他在对比中不无诧异，也思索着一个民族的价值不仅在于创造，更在于自强不息的精神。后来他回国时不止一次地在演说中预言：如欧战再起，法国必为德国所败。果然，战局被他不幸而言中了。

他最后到了歌国意大利。人们在大街上纵情地歌唱和拍手的嚣闹，使他常常想起在旧乡的细雨中悄然摇曳的小草。

9月，浪迹天涯的游子匆匆地启程回国了。

（三）

是年秋，他应扬州中学之聘，任教育心理学教员。对于博士教中学，许多老同学很不理解。他也不理解，博士为什么就不能教中学。1928年初，上海大夏大学和北京清华大学同时向他发出聘请，他面临回国后的第一次重大选择。他离开清华已经六年了。此时，清华的伞树和绿荫，草坪和小溪，红墙和白柱，就像一座橱窗展现在他的眼前。在极少有人能侥幸谋一教职的清华，他可以得到幽雅的住宅和优厚

陈 达　潘光旦　李景汉　陈序经
吴泽霖　陶云逵　费孝通

的薪金。而大夏只是由厦门大学部分师生因学潮而另立的一所私立大学，正处艰苦创业之中，一幢普通的四层楼房，办公、住宿兼用，教职工工资微薄。大夏师生朝气蓬勃的奋斗精神深深感动了他，他选择了大夏，与杨开道一起承担了社会学课。接着燕京大学校长司徒雷登以相当可观的待遇为条件，两次来大夏聘请他，他均对以"我应当帮助大夏"而婉言谢绝，这使司徒雷登十分感动。两年后，他任社会学系系主任，继兼文学院院长。后来，他与陆德音结为伉俪。陆一度是他的学生，曾留学美国获硕士学位，回国后在大夏执教英文，深受学生拥戴。在生活和学术上，他多得陆女士之助。

当时的上海，正处在"四一二"政变后的黑暗统治下。他虽从不介入校内国民党和其他势力的争斗，但也没有成为吟雪咏花的"新月派"。他抱定知识救国的信念，刻意做学问。他的"闲暇"也过得极有意义，从1930年开始，每星期利用一个晚上，与潘光旦、胡适、罗隆基、张家铸等人就有兴趣的学术问题展开研讨。后来又与潘光旦、董时、全增嘏、陈鹤琴、黎照寰、林语堂、赵元任等，规定星期三晚上集会，轮流主持讨论。友朋相聚，学科不同，认识自有参差。然而，他们一反文人相轻的恶习，各自以平等的态度畅所欲言，或冗长或简短，或庄重或欢快。"嘤其鸣矣，求其友声。"这个由志趣和友情织成的小天地，一直维持到抗战军兴。

在社会学的教研中，他率先提倡社会学应解决社会实际问题，以及理论应建立在社会实际调查之上。他选择了望亭镇和上海各种救济事业，分别作为乡村和城市的试点，组织学生调查。与此同时，他与孙本文、言心哲、潘光旦、吴景超、钱振亚等，酝酿、组织了我国第一个社会学组织"东南社会学会"。他作为该社理事之一，参加创办了《东南社会学刊》，承担编写了《社会学大纲》的部分章节。不久，他又与沪宁一带的社会学者，会同北京的陈达、吴文藻、许仕廉、陶孟和等，创议组建了取代"东南社会学会"的"中国社会学社"，由南北方轮流主持一年一度的年会，并将《东南社会学刊》改为《中国社会学报》。从这些最早传播、介绍西方社会学的活动中，不难觉察他对发展祖国文化的至诚和热情。他和友人在祖国文化园里辟出一块绿地，终于使我国的社会学嫩芽破土而出。

在大夏期间，他先后发表了几十万字的社会学论著、译著和教材。其中，《现代种族》是我国较早的一部人类学著作。在这部著作中，他提出了种族的意义、产生、划分标准和分类，批驳了种族不平等论的各种"根据"。受惠于此书者，其数不在少。尤其值得注意的是他在《民族复兴的几个条件》等论文中，明确地指出："中国的人口，目前已现过剩"；"一个民族在人数方面，尽可有四万万甚而至于十万万，如大多数的人都过着牛马生活，那在民族复兴上，非但没有裨益，而且还是一种绝大的阻碍"。因此，他主张提高民族素质，呼吁"立即公开提倡节育"，"一二十年后，当可看出这种政策的效果"，否则，"社会生活就会产生严重的后果"。这些真知灼见，在20世纪30年代使人耳目一新。

1935年，为了收拾国民党派系在上海暨南大学造成的混乱局面，商务印书馆总编何炳松被委任为该校校长后，与文学院院长郑振铎合意邀请他到该校任职。他被借调到该校两年，初为海外文化事业部主任，继任教务长。其间，他同校方大力抵制国民党势力的进一步渗透。"九一八"事变后，他愤然地走出书斋，参加了"上海大学教职员联合会"，与沈钧儒等同为理事，在学生中宣传抗日，号召反对妥协。不久，因抗战军兴，他随大夏师生南撤，辗转来到贵阳。

与上海相比，贵阳安静一些。两年前，南京至昆明的公路修通，他作为中国社会学的唯一代表，参加"京滇公路周览团"时，于沿途目睹的兄弟民族的情景，此时又引起了他的思考：在中华民族的命脉中有兄弟民族的血液，他们的文化瑰宝使古老的中华文化异彩纷呈；然而，很少有人对他们进行确当的调查和客观的叙述，更不必说历史的偏见还残存于人们的观念中。从此，他的研究从社会学转向民族学。

在贵阳短短的几年里，他与同事和学生跋山涉水，深入黔东南的苗族、布依族、水族和侗族聚居区，调查民族分布、民族习俗和民族关系，先后以第一手调查材料撰写了几十篇论文。其论文结构之严谨，资料之翔实，考察之赅博，与寻章摘句之作全然不同。在这些论文中，他倡导民族团结和民族平等，主张"对边民与内地的民众一视同仁"，"凡是民众享有的权利，不分内地或边疆，都应使之实现，得到公正平允地待遇"。他还指出，"我们所需要的是民族间意识上的团结，而不是形式上划一的汉化"。在开发、建设边疆问题上，他提出一系列切合实际并经得起时间检验的原则、政策及其实施的具体步骤。这些珠桂之作，凝聚着作者对兄弟民族炽热的感情，今天读来，仍使人感到亲切和实际。

他通过各种途径，收集兄弟民族的文物。一到贵阳，他便组织研究人员到黔东南地区征集文物。后来他到昆明，还建议重庆"新生活运动促进会"负责人在云南边疆设立丽江、墨江两个边胞服务站，推荐他的学生张正东和丁兆兴主持。服务站一边为兄弟民族治病、扫盲，一边收集文物。多年后，他对此仍未尝须臾忘怀。在参加少数民族访问团和民族工作视察组时，于四川、贵州、云南和西康等地收集的文物，都是第一流的。由他多次主持的少数民族文物展览，引起了强烈反响，受到了高度重视。清华大学、中央民族学院、西南民族学院和中南民族学院等院校的

"文物陈列室"、"民族文物馆"的建立，都有他的苦心孤诣。

不难理解，作为我国当之无愧的民博创始人和民博问题专家，他几十年呕心沥血的活动意义远远超过了民博事业的范围。

这一切，都是以贵阳为起点、从贵阳起步的。

在贵阳，他也遭到不幸：日机炸毁了他租用的房子；在郊外的茅草间里，夫人患了肠结，因误诊和手术过迟不幸过世了。他不得不应清华大学的邀请，离开贵阳，来到了昆明，执教于西南联大。

由于抗战初期中国的空军奋勇抗敌，牺牲殆尽，1939年后日本帝国主义的飞机肆无忌惮地深入四川、贵州、云南的后方"疲劳轰炸"。1941年，美国以志愿空军的名义，派遣协助对日作战的"飞虎队"来华。"飞虎队"急需大批译员，缅甸的英军也如此。重庆当局委派战地服务团招收有英语基础的大学生，经短期军事术语训练后，派往与美军和英军有接触的部门工作。西南联大协助该团开办了译员训练班。吴泽霖先后任班教务主任、副主任，同潘光旦、闻一多、华罗庚、马约翰等二十余名教授参加了教学工作。由1944年初至抗战胜利，共培训了十七期译员，每期八周，人数达三千余。学员来自四面八方，要排除各种干扰。复杂的形势，使他和北大的樊际昌、清华的戴世光、南开的鲍觉民一起废寝忘食。1945年，重庆国民党政府派来了"政治教官"，名为协助教学，实则企图在班上建立国民党党部。面对这个教官，他仗义执言："训练班是为国际联合抗日服务的临时性机构，不便设立国民党组织；教师的教学自由不容他人干涉。"正是由于他的坚持，教官的阴谋才终未得逞。

1946年清华大学复员，他主持教务。他对腐朽的世途的确恨无鼎革之力，对莘莘士子却能尽心护惜。在任期间，他多次代表校长梅贻琦出面营救被捕的进步学生。一次，北京国民党警备司令在"宴请"各校校长、教务长时，要求学校严厉管束学生，并指责吴晗"煽动"学生。他见机应变："吴晗是书生，不会鼓动。"司令厉声道："我有证据。"他得知这不是虚声恫吓，回校后，立即与梅校长采取对策，使吴晗、彭珮云、裴毓荪离开北京，得以脱险。至今，他从不主动说起此事，别人问及，他便推功于梅校长，这正是他的美德所在。

解放前夕，一些教授撤离了清华。这时，他虽然辞去教务长一职已有数月，但仍留在清华。中国共产党为民族的解放所进行的艰苦卓绝的斗争精神，拨响了他的感情之弦。

在幽深夜色中，他终于等来了曙光普照，清华解放了，新中国诞生了。

（四）

他怀着步入新生活的一切喜悦，以追求生命的完美和充盈的自信，忘我地投入了不间断的工作中，并从中获得了莫大的享受。

然而，祖国是在艰难中行进的，他也历经崎岖。

1956年，他从西南民族学院调往由全国人大民族委员会主持的少数民族社会历史调查组，负责贵州组的工作。翌年夏季，在他赴京汇报时，突然接到通知，令他到中央民族学院参加对"右派"的批判大会。会后，他回到成都。尽管学校并未召开大会批判他，也没有人贴他的大字报，他仍按要求一丝不苟地写了两次思想检查，检查自己学习马列主义不够、思想觉悟不高，就像最胆小的女基督徒那样进行忏悔。就这样默默地等待了一年多，仍以所谓"企图篡夺学校领导权"和"勾结右派分子费孝通在四川扩充右派势力"等莫须有的罪名，被定为"极右"，撤消教授职称，工资降三级。他的续弦则先于他定为"极右"，撤销公职，被迫申请自费到远离成都的西昌劳动锻炼，1961年摘掉帽子后一直未恢复公职。他受到伤害，难免时有自苦的怀疑，却丝毫没有动摇对党的信赖。他不顾生活的困难，在学校民族文物馆无声无息地工作。接着，又被调至国家民族事务委员会，为筹备建设北京民族文化宫和新中国成立十周年民族工作展览默默地奔忙。

1960年，他调回中央民族学院。1961年，摘掉了"右派"帽子。同年，他与费孝通、潘光旦、吴文藻等受外交部的委托，从事收集和翻译有关中印边境和帕米尔地区有关史地、民族的外文资料。两年后，他参加撰写《辞海》中有关民族条目的释文。四年的这些书囿生活结束后，他已超过了退休年龄。一经动员，他立即申请退休，不料因"历史不清"，只能以退职论，不能享受退休待遇。对此，他未作计较，默默地搬出了中央民族学院的校园。

正当他失去工作、靠子女赡养，苦不堪言时，一场空前绝后的"革命"使他得到了以重大代价换来的"显赫"——鲜为人知的厄运。

红卫兵把他赶出了北京，所有家产、书籍和资料被洗劫一空。他只带了几件衣服，与夫人一起回到了家乡常熟。对这样一位德高望重的老人，谤兴毁至，才智之士感到震惊，善良的人为之痛心。在参加街道组织的劳动、学习时，独他规行矩步。只有像他这样坚定如一的人才能在乱世之际为人们提供一种有教益的哲学——在难以预料的境遇中，像参天古树屹立于暴风雨中。

因几十年前他在昆明译员训练班那段历史，在1968年"清理阶级队伍"运动

陈 达　潘光旦　李景汉　陈序经
吴泽霖　陶云逵　费孝通

中，又以"历史问题"和"特嫌"，对他隔离审查。正像在五四运动中那样，爱国反而有罪。他被隔离在一个房间里，与"有问题"的人和小偷挤在一起，每天给来自各地的外调的人写材料，还常帮助同室的人写。他坚持真理，却无力回天。外调人员渐少后，他就从有限的书籍中摘录富有哲理、给人以鞭策和鼓舞的谚语，还琢磨、创造以一字表示的简化双音词。像他这样年逾古稀、身遭缧绁仍在奉贻的人，世间能有几人？那年月，监狱里一位胸怀坦荡的"臭老九"，胜过铁窗外无数狂呼乱叫的"革命家"。1971年，他跨出隔离大院的门槛后，才知道夫人和岳母不堪忍受凌辱和诬陷，已经在一年前服毒双亡了。在生命力降低至最低点的这一年，他反而抛弃了令人心碎的悲戚，在参加劳动、学习之余，又接着搞那些谚语和双音词了。两年后，他得到"恩准"，在北京、山西、武汉见到了子女。他没有料到有的子女被打成了"反革命"。流转的生活和经济拮据又使他成了债务人，直到今天也未能偿清。

"无论黑夜多么漫长，终究会被不可阻挡的晨曦所取代，这是大自然的规律。社会也同样。"他不敢这样说，却始终这样想，无论走到哪里。

他判断一个社会就像判断一种学说那样在行。

1976年，党中央打倒了"四人帮"。他欢呼胜利，激动得流下热泪。不久，"右派"问题得到纠正，"历史问题"得到澄清。1978年，国家民委宣布恢复他的工作。尽管过去学校对他职称级别的处理未免欠妥，人们也普遍认为不公，他仍心满意足，从未再提。在他心灵的天平上，从来没有功名利禄的砝码，这是他一生中最感人的力量之一。

这时，他所在的单位仍没有房子容他。他已经在中国社会科学院民族研究所6号楼借宿一年了。只有12平方米大小的房间光线暗淡、墙壁龟裂，冬天薄寒

1982年85岁高龄的吴泽霖（前排中间）离京赴中南民族学院前与西南联大时期学生合影。

袭双袖,夏日潮湿物发霉。多次招待外宾,他只能到外面去慷慨。如此寒酸,令人叹息,他却随遇而安,奋发著述。他的绝唱之作《犹太民族历史画卷的一幅重要画面》,就是在这间陋室中脱稿的。

他在6号楼度过了五个春秋。他的宽容、豁达、慈爱、弘毅、不与世争和日以继夜的工作,感染和激励着人们,人们以由衷的爱戴回报他。成年人与他促膝谈心,向他倾述衷肠;儿童在他膝下嬉戏;少年攀着他的肩头絮语。他是6号楼家家户户的贴心人。

当中央民族学院准备给他配备一套四室的住房时,他已经怀着当年到大夏大学同样的心情,决定应聘到恢复不久的中南民族学院工作了。

1982年的一个夏日,欢送他的人群来自四面八方,其中有长者和儿童,也有科研人员和行政干部。他们一一与他惜别,不少人竟忍不住失声痛哭。那场面,使人柔肠九折。

中南民族学院也许是他旅途中的最后一站了,但他没有歇歇脚的念头。正如本文开头所述,几年来,他仍以耄耋之年深临薄履,贡献余热。

1986年,89岁的吴泽霖光荣地加入了中国共产党。

"莫道桑榆晚,为霞尚满天。"

(邢玉林)

二、吴泽霖教授二三事

吴泽霖教授是我国当代著名的社会学家、民族学家。他在长期从事教学、科研的过程中,一贯重视实地调查和社会服务。吴教授不仅自己身体力行,而且指导、帮助他的学生们努力联系实际,使社会学、民族学为我国各族人民服务。

今年欣逢吴教授执教60周年。我是40年代初期他在西南联大执教时期的学生。联大时期,吴教授曾先后讲授普通人类学、高级社会学和社会学原理等课程。现就个人追忆所及,将吴老师从1942~1943年所从事的几项有关社会学、民族学的活动简述如下。

陈 达　潘光旦　李景汉　陈序经
吴泽霖　陶云逵　费孝通

（一）筹建边胞服务站并指导该站工作

1942年，抗日战争正处于困难时期。那年春天，云南西部的一些地方受到日本侵略军的威胁，边疆形势日趋紧张，人民生活十分困苦。根据当时的抗战形势，吴泽霖教授认为有必要在云南省筹组一两个微型的、带有实验性质的社会服务团体，为邻近战区的边疆各族人民服务。为实现这一目的，他积极同有关方面联系，先后得到新生活运动促进总会和清华大学研究院的资助，并从云南省卫生处等单位获得了部分防疫和治疗用的药物。1942年7月，吴教授组成了第一边胞服务站。他推荐西南联大社会学系当年的毕业生张正东、邝文宝，教育学系当年的毕业生李觉民（在校时曾用名张翰杞)和一位纳西族女教师赵银棠以及其他几位青年，前往云南省丽江地区开展边胞服务工作。

这个边胞服务站在云南丽江、维西、德钦、宁蒗、贡山、福贡等县、区(设治区)从事过医疗卫生、国民教育、抗战宣传和社会调查等项工作。吴教授每月给该站负责人写一次信，对各项工作进行指导。这个边胞服务站工作到1946年2月。在三年半的时间内，该站工作人员从事过一些民族调查。他们撰写的有关报告和文章，都曾寄送给吴教授审阅、指正。

此外，吴教授还指导他的其他学生到云南省墨江县建立过第二边胞服务站。其工作项目与丽江边胞服务站大体相同。这里就不再详说了。

（二）主持云南西北地区少数民族文物展览

1942年7月，吴泽霖教授筹建丽江地区边胞服务站时，曾指示该站工作人员注意收集当地少数民族生产、生活用具的实物和照片，以供清华大学社会学系和校内外其他研究单位教学、科研之用。该站工作人员经过半年的努力，先后在纳西族、傈僳族和藏族聚居地区收集到200多件文物和照片。根据吴教授的指示，上述文物于1943年2月从丽江送抵重庆，并于同年2月中旬至3月上旬在重庆夫子池展出。我记得当时前来参观展览的有重庆《新华日报》社的主要负责同志，还有不少在重庆工作的文化教育界人士。吴教授主持这个展览会是为了向有关方面和城市居民介绍边远地区少数民族的情况，希望引起各界人士对边疆建设的重视。在20世纪50年代院系调整时，这批文物现存部分由清华大学移交给中央民族学院收藏、利用。

(三)深入少数民族地区从事社会调查

1941年2月,吴泽霖教授应聘到西南联大社会学系任教后,除在讲授人类学、社会学时鼓励学生到少数民族地区从事社会调查外,他还在1943年8月亲自到云南丽江县纳西族地区进行社会调查。之后,他撰写了《么些人之社会组织与宗教》一文,刊载于1945年出版的《边政公论》第4期。以我个人的体会来说,吴教授去丽江从事社会调查,也是对离校不久的社会学系毕业生进行的一次示范性的业务指导,对我们以后进行民族研究工作具有重要的指导意义。

(张正东)

吴泽霖主要论著:

1.《社会约制》,《社会学丛书》,1930年版。

2.《现代种族》,新月书店,1932年版。

3.《中国社会病态的症结》,《社会问题小丛书》,1934年版。

4.《社会学及社会问题》,中华书局,1935年版。

5.《社会问题》,商务印书馆,1935年版。

6.《犹太民族历史画卷的一幅重要画面》,《读书》第二期,1982年。

7.《论博物馆、民族博物馆与民族学博物馆》,《中南民族学院学报》第二期,1985年。

8.《吴泽霖民族研究文集》,民族出版社,1991年版。

9.《美国人对黑人犹太人和东方人的态度》,中央民族学院出版社,1992年版。

10.《穿越帕米尔高原——帕米尔及其附近地区历史、地理、民族英文参考资料汇编》(译作),民族出版社,2004年版。

艰苦岁月中的社会学先驱

陈 达 潘光旦 李景汉 陈序经
吴泽霖 **陶云逵** 费孝通

人类学家陶云逵

陶云逵（1904～1944），江苏武进人。

1924年，天津南开中学毕业。

1924～1926年，天津南开大学文科肄业。

1927～1933年，留学德国，获柏林大学人类学博士学位。

1934～1939年，中央研究院历史语言研究所研究员。

1934～1939年，云南大学社会学系教授（西南联合大学社会学系兼任讲师），1940年起兼系主任。

1942～1944年，西南联合大学社会学系教授，兼南开大学边疆人文研究室主任。

1944年1月26日病逝于云南大学附属医院。

陶云逵

一、小传

陶云逵教授，1904年生，江苏武进人，中国社会学、人类学家，西南边疆社会研究的拓荒者。

陶云逵在南开中学读书时还是个17岁的少年，广额浓眉，目光炯炯，喜好书画、美术，与当时任国文教师的罗常培多有过从，谈天说地，颇见抱负。1924年9月入南开大学文科，满怀憧憬地开始了新的人生追求。20年代初，正是南开大学刚刚勃兴的时候，一批从美国学成的留学生和国内一些著名高等学府毕业的青年学者云集南开。他们开设了许多新兴的社会科学和人文科学的课程，吸引着广大青年学生。如开办社会学班并组织社会调查团，调查天津社会状况，研究"人力车夫"、"牢狱情况"、"中国家庭"和慈善事业等；陶孟和暑假期间开设社会教育学；李济开设人类学、社会学和统计学；蒋廷黻开设中国近代外交史，并带领学生到学校附近的八里台村进行农村调查，到裕源纺纱厂调查；一部分文科学生还参加中华教育改进社对天津儿童智育的调查。丰富多彩的学术气氛，给予陶云逵很大影响，他对人类学、社会学产生浓厚兴趣，得到李济教授的喜爱和指导。但是，不幸两年中其父陶宝如因病逝世，慈母张氏又以忧郁而殁。陶云逵连遭大变，精神受到很大打击。为了摆脱悒郁和痛苦，也为科学救国，他决定开辟新的学习环境，出国深造。于是他离别南开校园，远游德国，他下定决心：第一，要入第一流大学，从第一流大师；第二，凡遇任何日本同学，定须超越而胜之①。他先后进入德国柏林大学和汉堡大学，师从欧洲人类学大师欧根·费雪尔教授攻读人类学凡六年(1927~1933)，获得博士学位。

1933年回国后，各方面争相罗致。但他性喜研究，1934年入中央研究院历史语言研究所，任编辑员。陶云逵不满于社会学现状，决心采用实地调查方法，以中国境内各种社区类型为对象，阐明本国的社会实际，发展中国化的社会学。陶云逵与凌纯声应当时云南省教育厅邀请深入云南，先后赴丽江、中甸、维西及滇缅、滇越边境做民族学调查，长达两年多。仅1935年到滇缅沿边调研体质人类学，就在傣族、傈僳族、彝族等少数民族中测量了数千个案的体质，其中关于西双版纳地区傣族的测量约1000个个案，加上统计图表、照片及附加注释，约10万字篇幅，仅珍贵照片就有数百张，是极为难得的"社会活化石"资料，并撰写《几个云南土族的现代地理分布及其人口之估计》、《摆夷族之生育》、《关于磨㱔之名称分布与迁移》和《磨㱔族之羊骨卜及妣卜》等论著和调查报告。陶云逵对于云南边疆少数民族的调查研究，对于彝族图腾制度的发现，受到国内外专家的高度重视。

抗战爆发后，陶云逵重游旧地，就任云南大学教授，1940年底又兼社会学系主任。他在前任吴文藻先生的基础上，使社会学系办得更有声色，并开设社会学、人类学等课程。吴文藻主持云大社会学系时，还成立了社会学研究室。1940年日本飞机轰炸昆明，云大社会学研究室迁往呈贡大古城魁星阁。研究室集中了一批后来很知名的中国社会学家如费孝通、陶云逵、许烺光、张之毅、田汝康等。这是一个充满学术活力的群体。他们虽然学派不同，有争辩、有切磋，但也有学术争论的快

---

① 冯文潜：《敬悼陶云逵先生跋》，《云南日报》1944年2月16日。

慰。陶云逵与费孝通争论最多，常常为一个问题争得面红耳赤。正如1944年2月费孝通于哈佛大学木庚院所写的《物伤其类——哀云逵》中所说：

> 云逵是从德国人类学家Fisher大师门下出身的。德国学派和英国学派有很多地方刚刚是针锋相对。前者注重历史、形式、传播，从各方法的相异之处入手；后者注重现代、功能、结构，从各方法的相同之处入手。德国学者不肯相信文化不过是满足凡夫俗子平常生活的工具；英国学者却不愿意相信文化是有它内在发展的铁律，是天地精华的不住外现——我并不想在这里申引两派文化论的差别，只是想说云逵和我二人师承有些不同，因之见解也有不同。因为我们在基本出发点上有些不同，所以讨论时也更显得有趣味。有人误解魁阁，以为它是抄袭某某学派，其实在它刚刚开始的时候，就是一个各学派的混合体；而且在经常的讨论中，谁都改变不了他原来的看法。我们在讨论会中，谁也不让一点人，各人都尽量把自己认为对的申引发挥，可是谁也不放松别人有理的地方，因为我们目的相同，都在想多了解一点中国社会和文化的实情。云逵住在龙街，我在古城，离魁阁都有一点路程，可是不论天雨泥泞，我们谁也没有缺过席。云逵常和我说："我们不是没有辩得不痛快的时候，可是我实在喜欢这种讨论会。"我也和他说同样的话。
>
> 中国人不很容易赏识"相反相成"的原则。我们听见和自己不合的意见，总会觉得人家和自己过不去，因之影响了交情，甚至互相中伤，形成了党同伐异的风气。我知道我自己也不免受这种传统的遗毒，但是在和云逵相处的四年中，我实在领会到"反对"的建设性。当他离开云大时曾和我极诚恳地说："我确有很多时候气你，但是我们的交情也就在这上边建筑了起来。"我是明白他的，他是个要求丰富生活的人，生活要丰富就得有一个可以时常找到和自己不同见解的人在一起，这样才能引得起内心的矛盾，有矛盾，才有新的创造。他是我的畏友，我爱找他谈，就因为我们不会在离开时和见面时完全一样，不会没有一点新的领悟，不会没有一点新的烦恼。

从1939年10月起，陶云逵又任国立西南联合大学历史社会学系兼任讲师，每周授课3小时，学校月送车马费60元。他1942年转入西南联大社会学系任教授，是当时西南联大少有的年轻教授之一。他开设"体质人类学"、"西南边疆社会",并为联大中文系和地质地理气象学系开设选修课"西南边疆社会"。

40年代初,云南地方当局计划修筑一条由石屏通往佛海的省内铁路,并决定从筑路经费中抽出一笔专款,委托一个单位进行调查研究,为筑路提供沿线的社会经济、民情风俗、语言及地理环境的有关实际资料。1942年4月28日,云南省建设厅龚仲钧厅长致函张伯苓,委请南开大学担任此项工作。当时客居昆明,与北京大学、清华大学合组西南联合大学的南开大学,正拟"协助推进边疆教育",于是张伯苓立即写信给他的朋友缪云台,最终承接了石佛铁路的调查工作,并因此得到3万元的专款资助。这年6月,在黄钰生、冯文潜等人积极筹划下,南开大学边疆人文研究室成立,聘陶云逵为研究室主任,主持全面业务工作。7月6日聘联大毕业生黎宗献、黎国彬为研究室调查员, 8月联大中文系教员邢庆兰(邢公畹)参加研究室工作,不久,罗常培也推荐另一位中文系教员高华年为研究室成员。至此,边疆人文研究室初具规模。

边疆人文研究室的建立,是对西南联大一项重要的贡献。陶云逵对研究室充满了信心,深感为实现其系统考察中国边疆社会提供了良机,决心为边疆人文研究的中国化闯出一条道路来。他把研究室分为边疆语言、人类学(包括社会人类学、体质人类学)、人文地理、边疆教育四组。这一构建反映了陶云逵的学术指导思想和工作目标。研究室刚一成立,他就带领几名年轻研究人员从昆明出发,经玉溪、峨山、新平、元江、金平,沿红河而下,对红河哈尼族、彝族,文山苗族、傣族、纳西族等少数民族的语言、民俗、社会经济、地理环境等开展调查工作。当时到云南这些地区,不仅要有克服困难的精神,还要有甘冒风险的勇气。从昆明下红河,交通极不方便,自然气候不适应,民情风俗不熟悉,语言不通更难以开展调查。1942年7月18日,马学良致函陶云逵,特地为他推荐一位名叫高俊昌的彝族青年,中学文化,懂得苗族、彝族、傈僳族等语言[①]。当时云南边疆地区社会治安也很不好,沿途常有土匪为患,如果找不到可靠的马帮结伴,或雇不到武装护卫人员,将非常危险。1942年7月陶云逵从杨武坝写信给冯文潜说:

　　潜老:前寄一函,请汇五千元,想已收到。现黎国彬已去元江。弟等因鉴:一、去元江无夫马(怕兵征逃避一空),而步行道路崎岖而遥远,故不得已求下策。弟研究此间罗罗社区之宗教与巫术。高华年作窝尼(费九虎之

---

① 参见马学良1942年7月18日致陶云逵函。又,9月6日马学良又就"武禄诸夷图腾崇拜情形"致陶云逵函。

力，始觅得一适当人物)语言调查。黎宗献仍作街子汉夷互市研究。仅黎国彬一人去元江调查人文地理方面。

二、因元江一带物价更高此约半倍。此间物价以花钱计，我们每人包饭，月三百元国币。高请了一个窝尼，除伙食外，月薪国币一百五十元，加上烟茶之类，每月连伙食共四百至四百五十元，言明一个月。弟请了一个罗罗巫师，同待遇，亦四百至四百五十元。黎宗献研究街子请人帮忙，每月费亦在四百元之谱。故花费甚大，必要时可在八月底即返，视情形而定。前请寄之五千元务请即时汇下，以便应用为荷。

当时，杨武坝及其周围地区"酸角花开，旱云如火"，工作起来十分困难。陶云逵与研究室同人克服种种不便，经过65天顽强的工作，取得了大量社会调查的珍贵资料。陶云逵调查了鲁勉山纳西族的社会组织与宗教，他的助教黎国彬被派到红河上游研究傣族的人文地理，并测量了160个个案的体质，高华年调查了纳西语言与文学，都写出了有价值的调查报告。1943年，陶云逵又带领研究室同人利用8个月时间对石佛铁路沿线社会经济开展思普沿边茶业、澜沧江河谷地区土地利用、彝族社会组织及宗教、手工艺术等调查，把大量少数民族口头流传的历史语言记录下来，并收集了许多文献和文物。如陶云逵1942年8月在鲁奎山收集了三弦月琴、胡琴等乐器；1943年1月在大理收集了"民家"的渔网等物。他们调查成果的一部分提供给石佛铁路筹备委员会，包括石佛沿线少数民族语言分布状况图表、铁路员工应用的语言手册和石佛铁路沿线社会经济调查报告等。这些调查报告曾以云南石佛铁路筹委会与边疆人文研究室名义辑印，其中有陶云逵的《纳苏宗教与巫术的调查》等。同时，陶云逵等人还开展了其他方面的学术研究，他写出《大寨黑夷之宗教与图腾制》和《西南部族之鸡骨卜》等文章。

这一时期，陶云逵的另一个重要建树是团结全室同人，克服经费、物力等方面的困难，创办了《边疆人文》学术刊物。该刊分为两种，甲种为语言人类学专刊，乙种是综合性双月刊。为了刊物的早日问世，他多方拜访或写信给有关专家、学者，并亲自编写稿件，刻写蜡版，甚至参加刊物的油印、装订。这个刊物不仅成为本室同人发表科研成果的阵地，而且通过刊物联络、汇集了各校相关多学科的著名学者，如罗常培、向达、罗庸、游国恩、袁家骅、闻一多、马学良、方国瑜、张清常等。他们都先后在该刊上发表文章，其中闻一多的两篇重要文章《说鱼》、《伏羲考》就是在《边疆人文》发表的。闻一多十分赞赏陶的学识，曾表示二人合作进行学术研究。陶云逵还向李方桂索稿，李通过邢庆兰寄来两篇短文①。《边疆人文》自1943年至1946年在昆明油印三年三卷，计18期，发表论文31篇，成为艰难抗战环境中闪烁着科学光芒的重要学术刊物。

这一时期，陶云逵不仅领导了边疆人文研究室的学术工作，而且自己也连续发表了一批重要研究成果，短短几年发表了20多篇论文。陶云逵对边疆社会的研究，注重把历史与现实联系起来进行统一考察，肯定少数民族的历史地位；注重把文献记载与少数民族的具体社会事象比照进行研究，进而提出自己的见解。罗常培评论其《西南部族之鸡骨卜》时说"综合勘究，胜义殊多"②，正是对陶云逵这一研究特点的中肯评价。

抗战时期实地调查中的陶云逵

陶云逵在边疆社会的研究中，并不是把少数民族作为猎取资料的对象，而是尽量与当时的边政结合，着眼于边疆建设和民族团结，希望边疆各民族得到更快的进步。在《云南摆夷族在历史上及现代与政府之关系》一文中他指出："为我国民族之永久团结，似宜积极设计导此边胞社会，使其生活设备、文物制度和我国其他地区一样趋于现代化，以其地势之利，人事之优，好好建设。"为了促进少数民族的生活设备、文物制度的现代化，他认为必须正确地认识和分析边地汉人，正确估计他们在边疆建设中的作用。他在《论边地汉人及其与边疆建设之关系》一文中说，社会学认为："两个人群，其文化物质彼此愈相近似，其分子间能了解的程度愈高。"边地汉人在生活样法上，一方面保存了中原文化的若干特质，另一方面又采纳了边胞文化的若干方式，多少受到双重文化的陶熔，事实上成为人类学上所谓"Marginal Man"（边缘人）。他主张发挥边地汉人的这一特殊作用，认为这对促进边疆地区社会发展是有利的。

陶云逵师承德奥民族学传播学派，应用"文化历史"的观点研究云南各民族，并对当时功能学派研究边疆所表现出的倾向公开提出异议。他认为，功能学派的

① 参见李方桂1942年9月1日致陶云逵函。
② 罗常培：《论藏缅族的父子连名制》，《边疆人文》第一卷第三、四期。

艰苦岁月中的社会学先驱

陈 达 潘光旦 李景汉 陈序经
吴泽霖 **陶云逵** 费孝通

"拿手好戏"是，在研究与我们文化不同的社会人们时，只喜欢找这个社会中这些或那些行为为什么如此这般存在的理由，而"忽略主人对他们自己行为意义的看法"，这"很可能是一种曲解、误解"。

陶云逵对从宏观上、理论上进行文化的研究也表现出很大兴趣，他先后写了《文化的本质》、《文化的属性》、《文化的需要》和《个人在文化中的参与》等文章。他认为，社会中个人对文化内容参与的多寡程度，决定文化的不同范畴。社会上普遍知道的、最容易得到的是普遍的文化内容；若干社会分子所知道的(如医学)是专门的内容。除此之外，如个人特有的(如个人特有的小技)，也不能忽视，是文化变迁的一个起点；个人特有的，经过一定条件，变成一种发明，融入社会，推广开去，就成为文化的一部分。还有一种并存文化内容，他把社会文化中那些性质相同，而技术各异、表现有别的知识，叫做并存，这是流动在普遍文化内容外围的普遍的文化内容，决定该社会文化的形成与模式，是文化的"心核"。这两个层次的文化不断冲突，一部分并存文化为心核所吸收，旧的心核中某些文化失去模式与胶着力，于是为新的文化所代替。他认为所谓文化的变迁，实在是一种替换的性质，即新的替换旧的地位，如人类的切割工具，用五金代替石刀，经过了一个渐次替代过程，有个时期则是石刀与五金并用。陶云逵认为："一个文化能容纳若干不同的、并用的文化的发展与变迁，是个大关键。"①文化变迁程度愈高，亦即并用的增多，像我们现在的东西方文化，并用的如此胜多，文化的变迁也就如此地快。陶云逵的文化"心核论"，探索了中国传统文化吐故纳新和变化发展的原因，同时对中西文化吸纳、融合的趋向作了论述。所有这些，都是有益于具有中国特色的文化人类学理论的发展的。

抗战时期实地调查中的陶云逵

陶云逵是一位优秀的社会学、人类学研究专家，也是诲人不倦的教育工作者。联大时期他作为社会学系最年轻的教授之一，受到学生的欢迎。作为边疆人文研究室的开拓者，他为研究室的草创和青年学者的成长费尽心思。高华年最初经罗常培介绍到研究室后，他与高华年第一次见面就谈了很久，并紧握高的手热情地说："干干干！我们要埋头苦干十年八年，我们总可以干些成绩出来。云南这块研究语

---

① 《个人在文化中的参与》，《自由论坛》第二卷第四期。

言人类学的好地方,就是我们的天下!"他在学术上没有架子,为了深入探索学术观点,他乐意同年轻助教们切磋、讨论甚至辩论。高华年说:"我们也有争执的时候、吵闹的时候。但是我们的争执是为了对于某个问题的观点不同,我们的吵闹是为了研究室的前途。我们可以很热烈的吵着、闹着、辩着,直到把一方面的意见驳倒、推翻,有时我们辩得厉害的时候,往往弄得面红耳赤,可是我们毫不介意,刹那间也都忘了,我们又和好如初了。我们仍然保持着很好的感情,甚至我们的内心里更融合了,更能合作了。"①他在云南大学、西南联大讲课,先后写出边疆社会讲义和部分体质人类学、人类遗传学讲义,并且搜集了大量资料和有关民族、民俗实物,如磨夕材料、僰夷历法考、堆沙新年看年月元主的书、猛茫土司历年大事记、车里猛哲土司大事记、丽江民间故事、猛连土司大事记、车里摆夷杂考、耿马宣抚司史记汉译、云南杨武坝调查文件、民族革命先进者阿知立轶事、云南之傣族、倮罗文法、摆夷文字及摆夷研究等,至今都是研究云南边疆社会和少数民族的极为珍贵的资料。他准备对这些资料加以深入研究,并在脑海里设计着中国社会学、人类学建设的巨大工程。他计划1944年暑期研究苗族,搜集铜鼓资料,但是,劳累和贫病过早地夺去了他的生命。

在抗战后期的日子里,陶云逵的生活十分困难。他甚至在昆明租不起房子,只得把心爱的妻儿安顿在昆明附近的呈贡。他每周赶乘滇越小火车到昆明上班、讲课,一度还在呈贡中学兼课,以缓解生活困难。当时,中山大学杨成志教授曾致函陶云逵,动员他前往中山大学研究院文科研究所任职,许以月薪三千元,并由学校补助迁家费,信中说,"总望吾兄决意变换环境,其余当可商量的"。但是,陶云逵舍不得刚刚起步的边疆人文研究室,也割舍不下云南的社会学、人类学研究。艰苦的生活、繁重的教学科研工作,直接影响了他的健康。1943年他的爱子在他由昆明至大理的期间病亡,使之受到沉重打击。同年12月30日,陶云逵突染回归热并转败血病,1944年1月26日病逝于云南大学医院,时年仅40岁。1944年2月16日,中国社会学会、南开大学边疆人文研究室、西南联大社会学系、云南大学社会学系、北京大学文科研究所和南开大学校友会等六团体在联大图书馆为陶云逵开追悼会。追悼会由黄钰生主持,罗常培、潘光旦讲话。同日,《云南日报》、《正义报》分别刊登追悼专栏,发表了罗常培撰写的《悼陶云逵教授》、袁家骅《云逵先生》、瞿同祖《悼云逵》、冯文潜《悼云逵》、高华年《念云逵先生》、曾昭抡《悼云逵》、李树青《关于陶云逵先生的二三事》等悼文,并刊登潘光旦、邢庆兰写的七律挽诗

---

① 高华年:《念云逵先生》,《云南日报》,1944年2月16日。

两首，沉痛悼念这位英年早逝的学者。潘光旦诗云：

> 几处芦笙鸣咽鸣，
> 客星一夜陨边城！
> 更谁学殖人文踪？
> 如子襟期蛮貊行。
> 门有郁荼能简鬼，
> 世无仓扁教回生。
> 昨年僰道驰驱共，
> 一度追怀一怆情。

罗常培也以挽联寄托哀思。
其一：

> 武林访胜，苍洱寻幽，时忆旧游增怅惘；
> 津市谈文，沪滇论学，忍披遗著理丛残。

其二：

> 谵语病帏间，念念不忘《连名制》；
> 痛心遗著侧，孜孜方竟《骨卜篇》。

云南民政厅边疆行政设计委员会致送挽联：

> 兰砌蔼清芬讲舍论文钦硕学，
> 玉楼促鹤驾边疆行政失通才。

《云南日报》恭挽：

> 传经偶栖迟六诏河山留鸿雪，
> 招魂悲修阻三江花草遍狼烟。

在昆学者无不痛惜陶云逵英年早逝，无不赞扬他为学为人的高风亮节。冯文潜说，陶云逵"孜孜于边疆人文工作，虽有人事、经济困难重重，而调查整理均不为所阻，故社会人士莫不称道"。曾昭抡说："云逵逝世，使中国损失一位最可宝贵的青年学者，也令我们少去一个可敬可爱的朋友。"高华年说，陶云逵是一个埋头苦干、不务名利的学人，非常关心年轻人学术上的长进。直到病前不久他还鼓励高华年把研究彝族语法的书写出来，后来病重住进了云南大学附属医院，他吃力地挣扎着用沙哑的声音问高华年："你，你写好了没有？印了多少？"他在病中同样关心朋友们的学术研究，一直惦念罗常培、闻一多的文章写好没有。罗常培回忆，他写的《藏缅族的父子连名制》远不及陶著《大寨黑夷之宗教与图腾制》和《西南部族之鸡骨卜》，但陶云逵执意留出刊物版面刊登罗的文章，甚至陶云逵住进了医院后已经谵语神昏的时候，还念念不忘罗的这篇文章。袁家骅指出，民族社会学这门学问至今还徘徊在描写的阶段，正是陶云逵以严密的分析方法，"替这门学问开辟了新的发展途径"。他以十余年的努力，博得了"云南通"的称号。李树青认为："云逵是一个好学深思的人。他治学最勤，用功最深，构思最慎，在所谓少壮派中，他常是偏于保守的一个。在中央研究院时，他曾经在西南各地获得了很多体质人类学的资料，但因态度的持重与审慎，始终还未能写成专著。在治社会学的人里面，云逵是从生物学走到体质人类学的，根底既好，用心又专，假使天假以年，一定能成为一个第一流的边疆人文学者。"曾经与陶云逵在云南大学社会学系一起共事的瞿同祖特别谈到陶云逵的办事和为人："他任云大社会系主任时，学系才开办一年，一切都在草创试办中，吴文藻先生虽已创立一个新基，但后继的工作仍极艰巨，云大社会系得有今日的规模和成绩，自不得不归功于云逵的努力。他对行政工作并不擅长，但凡曾与他共事的人都没有不为他的办事热诚和对人的诚恳所感动的。云大社会学系这个幼稚的新生命就由于这热诚和诚恳而生长起来以有今日。"

陶云逵故后，遗夫人林亭玉和刚两个月的女婴陶宗舜，因生活难以为继而投身滇池，幸被渔民所救。后由罗常培、冯文潜、黄钰生、郑昕等发起募捐，才将母女送回广东阳江县娘家。1980年代，母女同去美国，林教授钢琴，89岁故去。陶宗舜与钢琴家殷承宗夫妇二人现住纽约，均以钢琴艺术为生，殷承宗还经常回到祖国举办演奏会。

（梁吉生）

二、忆陶云逵教授（节录）

我于1942年8月抵达昆明。这时边疆人文研究室正在草创中。黄钰生、冯文潜和陶云逵三位先生把利用石(屏)佛(海)铁路筹备委员会提供调查经费等创办研究室的情况向我作了介绍，"而后强调说抗战时期，一切从简"。说到"从简"，这个研究室实在是简陋得难以想象。说是研究室，顾名思义，总该有间房子吧。可是，有其名而无其"室"，当然也就无须什么桌椅板凳之类的设备。至于图书资料，联大有个图书馆，好歹还能借到一些。联大的教职员工住房都很困难，学校说要盖房，但迟迟未能动土。陶云逵先生因为在昆明找不到房子(或者也可以说是租不起房子)，把妻儿安置在昆明的郊县呈贡，每周坐滇越线火车到昆明上班、上课。

回忆边疆人文研究室的创建，我以为值得一提的是组成这个研究室科研队伍的几乎全都是中青年人，全研究室人员的平均年龄不足三十岁。南开大学当局，特别是创办研究室的黄钰生、冯文潜两位先生，对年轻人非常器重和信赖，敢于使用。当然，这些来自大学或研究院、所的青年人业务也是相当过硬的。像陶云逵教授的得意高足——黎国彬攻习社会学、经济地理和人类学，而且英文、法文都学得很好，从事社会调查也取得显著成绩。研究室人数不多，除了陶云逵、黎国彬和我以外，后来又经罗常培先生推荐来了北大文科研究所的研究生高华年。此外，还有黎宗献、赖才澄等。这五六个人组成精干队伍，迅速地把社会调查、科研活动开展起来。

研究室的调查队伍从昆明出发，经玉溪、峨山、新平、元江、金平，沿红河而下，对红河哈尼族、彝族，文山苗族、傣族、纳苏等兄弟民族的语言、民俗、社会经济、地理等进行了调查。关于社会、经济、民俗、地理方面的调查主要由陶云逵先生与黎国彬、黎宗献负责；语言方面的调查由我与高华年担负。调查成果的一部分是为石佛铁路提供所需的资料，主要的有：石佛沿线少数民族语言分布状况图表、铁路员工应用的语言手册和石佛铁路沿线社会经济调查报告等。其中有黎国彬的《红河上游摆夷地理环境的调查》、《车里、佛海茶叶与各部族经济关系的调查》，还有陶云逵、黎宗献的《杨武坝街子汉夷互市的调查》、《纳苏宗教与巫术的调查》，以及高华年的《黑夷语法》、《鲁魁山倮保的巫术》等等。

边疆人文研究室的创办人陶云逵教授出生于浙江（江苏武进人——编者注），

留学德国，后来任教于西南联大，和费孝通教授是当时联大社会学系最年轻的教授。陶云逵先生搞社会学、体质人类学，做过大量的实地调查工作，所发表的调查报告受到国内外很多专家的重视。闻一多教授极为欣赏云逵先生的才华，对他研究的东西也很感兴趣。边疆人文研究室成立的时候，曾准备合作搞一些研究，可是陶云逵先生这样一位年纪轻轻、在学术上也有一定造诣的学者，却在贫病交迫中去世了。

《西南部族之鸡骨卜》是陶云逵先生短暂一生中最后的一篇调查报告，也是他对文化人类学的最后一份贡献。其重要性在于指出我国西南藏缅语、苗语、傣语诸语族人民都有或曾有鸡骨卜的风俗，并且详细记载了鸡骨卜的方式，这是从文化人类学上研究鸡骨卜的第一篇论文。文章指出，"鸡卜"的记载最早见于《史记·孝武本纪》，《汉书·郊祀志》也有同样记载。唐、宋以后，记载渐多，但是说得不很详细。文章指出：根据现在调查及以往记载，鸡骨卜分布于粤、桂、湘、黔、川、滇各省非汉语部族之三大族群中，汉语社会中引用鸡卜则自非汉语部族传入，其始则自汉武帝令越巫立越祠，用鸡卜。

陶先生在学术研究上极重视实地调查，努力抢救民族文化的"活化石"。如果不是旧社会的重重重压，生活陷于贫困，精神陷于苦闷使他过早逝世，他必将为人类学做出更多的贡献。云逵先生病逝之前还遭遇了人生中的极大不幸，他的爱子在他离开昆明到大理去的时候，忽然得了当地称为"大热病"的险症，一夜之间病魔就夺去那个令人十分怜爱的小生命。陶先生返回昆明的时候，已经看不到可爱的孩子了。悲伤损伤了他的身心，不久，他自己也因染上"回归热"而病倒了，后来就医于云南大学附属医院，辗转病褥达数月之久，终于转为败血症而病故。

1944年1月26日下午，陶云逵先生病逝；2月16日，昆明各学术团体开会追悼。同日的《云南日报》出了一个追悼专栏，这个专栏的诗文是由罗常培先生组织的，内容包括罗常培先生、冯文潜先生和高华年所写悼念文三篇，潘光旦先生和我所写的七律挽诗两首。我所写的挽诗除开头两句外已经记不得了，这两句是：

细雨茅庵读我诗，
我诗今作吊君词。

头一句还加了个注解，大意是：某日雨，困庵中不得归，因录旧作《读文少保信国传书后》一首呈云逵先生正之，先生击节谬奖，诗云：

> 大臣泥首丞相死，
> 慷慨兴亡数页书；
> 风雨江湖成败日，
> 悠悠天地渺愁予。

云逵先生身后十分萧条，夫人林亭玉女士失子丧夫，生活无着，痛不欲生，终于投身滇池，幸为渔民所救。人们从她的棉衣襟内找到她的绝命书，才知她是一位饱受苦难的教授夫人——南开大学教授陶云逵之夫人。南开大学为陶云逵教授争取抚恤而不得，罗常培、冯文潜、黄钰生和云逵教授生前挚友、留德同学、哲学家郑昕(秉璧)先生等发起募捐，才将陶夫人及襁褓中之女婴送回广东阳江县的娘家。解放后，陶夫人林亭玉曾执教于中央民族学院，并特来天津探望故人，相见之时，实不胜今昔之感。被痛苦、磨难纠缠、压迫的旧时光，虽又像一长串噩梦显现眼前，但那已经是一去不返的陈迹了！

（邢公畹）

三、孜孜方竟鸡卜篇（节录）

（一）学术

陶先生早年留学德国，在获得博士学位返国后，被视为研究社会学人们中的第三代，当时称之为"少壮派"。与他同为"少壮派"的李树青曾说："这群人假如还有任何特点的话，那便是他们的大胆怀疑与勇于创造的精神。"而在当时研究社会学学者当中，陶先生先是学习生物学，后来又走到体质人类学，李树青说他"根底既好，用心又专，假使天假以年，一定能成为一个第一流的边疆人文学者"。这一个早年学习生物与体质人类学的学者，在抗战的动荡中，随着时局转变来到云南，从而他的学术之路也逐渐发生了变化，从操作仪器、注意测量的体质调查，逐渐转向观察、记录、学习语言的社会文化调查。

这一层转变需从陶先生加入云大说起。抗战时，陶先生到后方加入云南大学，担任社会系主任，那时学系才开办一年，一切都在草试创办期，吴文藻先生虽然创了一个新基，但后继的工作仍极为艰难。陶先生虽然不善于行政工作，但是仍然全心全意地投入社会系的建设工作而获得了良好的成果，瞿同祖认为"云大社会系能有今日的规模与成就，自不得不归功于云逵的努力"。

这一段在云南久住的时期，让陶先生的学术之路逐渐转向。陶先生虽然在海外学习的是体质人类学，学术界一向也都是以中国的体质人类学家视之，但后来却转到社会文化方面，瞿同祖认为这是因为"他没有许多专家所有狭窄不容人的习气，对自己的科学用功极勤，对其余的学问求知之心极切，虚心接受不同的意见，他之所以会从体质方面转到社会文化方面，也就是由于这不满足和求知的心情而发轫的"。瞿先生与陶先生在同一校又在同一系，虽然只认识陶先生三年，但确有机会天天见面。他说："三年来我和云逵讨论的机会很多，相知极深，所以我对他学问上的转变看得很清楚。他年来很少提到体质人类学上的问题，反之，对于文化人类学和社会学则日感兴趣……不但趋于社会文化方面，并且着重于礼俗及巫术、宗教方面。"民国三十二年（1943年）夏天，瞿先生请陶先生为云大担任体质人类学的课程，陶先生坚持不肯，说他于体质人类学已感到厌倦，不愿再弹老调，即使瞿先生再三劝他，他还是不肯，最后陶先生担任西南边疆社会学一课。瞿先生说："我从这天起，由于他的自白，才相信他的治学果真由体质方面转到社会文化方面。"而此后陶、瞿两位先生便常在一起讨论巫术、宗教的问题，虽然瞿先生采取历史观点，和陶先生的社会人类学观点不同，但他们都相信"历史的和现代的材料应当融合在一起，才能看出历史的发展和地理的分布"。

而不管在哪一个领域里面，陶先生的治学态度始终严谨又勤奋，而且还透露着一股他个人对于学术的热情。就是这一股掩抑不住的热情，让我们更体会到陶先生对于追求真理的真诚。学术对他而言是有乐趣在的，不是为名、为利或为生活而已。热情与严谨并存，这是陶先生的治学风格。我们可以从以下好几个例子中更鲜活地看出陶先生的这种治学态度。李树青曾说"云逵是一个好学深思的人，他治学最勤，用功最深，构思最甚"。曾昭抡所说的故事，更是可见陶先生的孜孜不倦。他说："去年年初我们十位朋友同去大理讲学。过年时休息几天，同大多利用此机会游览滇西名胜，只有云逵一位，始终不忘学问。他一个人跑到一处渔村住下，考察渔人生活。他还想在本地'民家'人家过年，可惜为风俗习惯所限，未能实现。"而除了努力用功不敢稍有怠惰之外，陶先生对学术的热情，在遇到同好时便自然地迸放出来。高华年描述他与陶先生第一次晤面时，差不多就对边疆研究谈了一个多钟头，临走时陶先生送他到云大的大门口，突然紧紧握住他的手有力地说：

"干干干！我们要埋头苦干十年八年。我们总可以干些成绩出来！云南这块研究语言人类学的好地方就是我们的天下。"高华年与陶先生曾一起在杨武坝共同度过两个多月的边地生活，他对于陶先生有另外一层的了解，他说，"先生是一个热情、天生且急性的学者——人类学家"，"是一个埋头苦干不务名利的学人"。他与陶先生同在一个研究室，都怀有一个远大的学术梦。他们曾为了研究室的经费，迷信一位无知的算命先生的卜卦；而当他们谈到高兴时，也曾骂着那些躺在沙发上喊边疆、讲边疆教育、谈语言人类学的人。在先生去世之后，高华年哀悼："在先生还没有生病的时候，我们曾经计划着今年暑假到苗族的大本营贵州去工作。先生要研究铜鼓，我们研究苗语，但我想不到先生会这样快就走了。先生你死了，谁能跟我一道到苗区去调查呢？谁肯到荒僻的地方去研究铜鼓呢？"又说："先生，我们相处了两年，我们也有争执的时候、吵闹的时候，但是我们的争执是为了对于某个问题的观点不同，我们的吵闹是为了研究室的前途，我们可以很热闹地吵着、闹着、辩着，直到把一方面意见驳倒、推翻。"这种为求真理而孜孜矻矻的精神，一直持续到他卧病在床时，被"回归热"的疾病侵袭到第九天，在已经谵语神昏的时候他还念念不忘。

而这种治学时严格认真的热情，却更对比出陶先生下笔与出版时谨慎保守的冷静。至今他对云南边疆部族情形搜集了十余年的材料，只有部分有文字报告出版，而照片则都未出版。曾昭抡曾经劝他，何不花点功夫，将其整理，以公诸学术界同人。陶先生的回答是："暂时还不预备这样做，一来因为抗战时期印刷太贵，无人可以担任，而且在后方情形下，照片也印不好，不如等到战后；二来材料虽多，颇嫌片段零碎，价值不大。"他本打算在未来几年中花两年工夫，先写一部关于滇省边疆部族的概论，但骤然而逝，便再也无机会完成。在中央研究院时，陶先生曾经在西南各地获得很多体质人类学的资料，但因为态度的持重与审慎，始终还未能写成撰著。李树青曾因此评论道："在所有的'少壮派'中，他算是比较富于保守的一个。"因此他突然去世之时，并没有将他长期以来极具价值的学术积累都发表出来，且竟再也无人可以完成是项极有价值的著作。

（二）为人

而在学术执著的面孔之外，陶先生私下给同事、朋友的感觉又是极为单纯与诚恳的。瞿同祖说，"云逵的为人极富于情趣、天真，谈吐很幽默，说话时眼一眨一眨地在镜内闪动不定，嘴角不时抽动，有些口吃，迟缓的语句从隐在烟雾弥漫之后的口里吐出来"，又说"他对于行政工作并不擅长，但凡是曾与他共事的人，都没有不为他的办学热诚和对人的诚恳所感动的"。而他同时又是极为照顾后辈的，即使自己的生活也极为拮据。高华年在纪念先生的文章中即写道："先生，我记得有一个时候我的包饭吃得非常的不好，差不多每天晚上都到先生的家里去补充。可是，先生已经死了，今后叫我到哪儿去吃呢？"

陶先生虽然修习生物学与体质人类学，从来都以严谨的手法治社会学，但同时他又深具美学的修养。他对于音乐、景物、人的举止仪容，至器物的构造陈设，都有欣赏和批判的能力。而这个能力，亲近的朋友们总能在相处中察觉，偶尔也让其他的同事、朋友们大吃一惊。曾昭抡曾经写下了一个故事：

> 离开大理的时候，有一次几位朋友同去喜州一游，午刻在董庄进餐，主人将战时在香港搜集的许多珍贵字书见示。云逵对于古人笔迹，逐一批评其真伪，无不中肯，令在座者惊佩不已。由此乃知他原是一位艺术家，在学生时代，本来预备专门学书的，后来反而成为一个科学家，连自己当初都没有想到。看到这些字书，回忆少年生活，他自己也有点怅惘了。

我们从字里行间片段地捕捉陶先生其短暂的一生当中所绽放的光彩，已足以让我们知晓他是一个"在治学、作事、为人等各方面，都有其可爱之处"的学者。他的诚恳、认真佐伴他治学的热情、执著，他的天真、直观孕育他美学的品鉴修养，即使相隔六十年之久，我们依然可以看到这位执著、真诚、不畏艰难、热情洋溢的学者的背影，仿佛在前方某处引领着我们前进。

（调查研究者）

陶云逵主要论著：

1.《关于磨些之名称分布与迁移》，《史语所集刊》第7本第1分册，1936年。

2.《几个云南土族的现代地理分布及其人口之估计》，《史语所集刊》第7本第4分册，1938年。

3.《华欧混血种——一个人类遗传学的研究》，《民族学研究集刊》第2期，1940年。

4.《俅江纪程》，《西南边疆》第12期，1941年5月；第13期，1942年1月；第

15期,1942年5月。

5.《云南土著民族研究之回顾与前瞻》,《边政公论》第1卷第5、6期合刊,1942年1月。

6.《云南摆夷族在历史上及现代与政府之关系》,《边政公论》第1卷第9、10期合刊,1942年5月。

7.《云南怒山上的傈僳人》(笔名力生),《旅行杂志》,第16卷第10期,1942年10月。

8.《论边地汉人及其与边疆建设之关系》,《边政公论》第2卷第1、2期合刊,1943年3月。

9.《关于边疆从政人员奖励条例》,《云南日报》,1943年5月30日。

10.《文化的本质》,《自由论坛》第1卷第5、6期,1943年8月。

11.《文化的属性》,《自由论坛》第2卷第2期。

12.《大寨黑夷之宗教与图腾制》,《边疆人文》第1卷第1期,1943年9月。

13.《人类学研究之实用问题》,《云南日报》,1943年10月17日。

14.《磨岑族之羊骨卜及贝卜》,《边疆人文》第1卷第1期,1943年9月。

15.《西南部族之鸡骨卜》,《边疆人文》第1卷第2期。

16.《十六世纪车里宣慰司与缅王室礼聘往还》,《边政公论》第3卷第1期,1944年1月。

17.《边疆与边疆社会》,《云南日报》,1944年2月16日。

18.《西南边疆社会绪言》,《边政公论》第3卷第9期,1944年9月。

19.《社会与文化之性质及其研究方法》,《边政公论》第3卷第9期,1944年9月。

社会学家、人类学家费孝通

费孝通（1910~2005），江苏省吴江人。

1933年，毕业于燕京大学，获社会学学士学位。

1935年，毕业于清华大学研究院。

1938年，获英国伦敦大学哲学博士学位。

1938~1940年，云南大学、燕京大学社会学研究室主任，社会学副教授。

1940~1946年，任云南大学社会学教授。其间1944年起在西南联大兼课，1945年受聘为教授。

1946~1952年，清华大学社会学系教授。

1952~2005年，中央民族学院教授，1957年前兼任副院长。"反右"运动中被错划为右派分子。

1957年，中国科学院哲学社会科学学部委员。

费孝通

1978~1980年，任中国社会科学院民族研究所副所长。

1980~1985年，任中国社会科学院社会学研究所所长、名誉所长。

1979~2005年，中国社会学会会长、名誉会长。

1980~2005年，北京大学社会学系教授。1985~1987年，任北京大学社会学研究所所长。1987~2005年，任北京大学社会学人类学研究所名誉所长。

1983~1988年，中国人民政治协商会议全国委员会副主席。

1988~1997年，中国民主同盟主席，1997~2005年，中国民主同盟名誉主席。

1988~1998年，中国人民代表大会常务委员会副委员长。

2005年4月24日逝世。

陈 达 潘光旦 李景汉 陈序经
吴泽霖 陶云逵 **费孝通**

一、小传

　　费孝通，江苏省吴江县人，1910年11月2日出生于该县县城，汉族。其家庭重视学校教育，父亲曾是吴江县公费日本留学生，返国后即提倡新学，在吴江县城开办第一所中学，母亲创办了蒙养院。这些在清末民初是开风气之先的新事物。大约四岁时，费孝通就在这所蒙养院里开始接受正规教育。

　　费孝通六岁入吴江县城第一小学，该校俗名雷震殿小学(因为利用这个庙宇作校舍)。这个小学曾培养了一些人才，北京大学的著名生物学家沈同教授就是其中之一。费孝通在小学里常因病缺课，成绩不好，没有毕业，于1920年随家迁居苏州城。由于体弱，母亲怕他在学校里受同学们的欺侮，就把他送到她的友人王季玉女士主办的振华女校(今苏州市第十中学)里去附读，一直读完初中一年级，后入东吴大学附属一中。1928年高中毕业后升东吴大学医学预科，读完了两年，思想有了改变。由于受当时革命思想的影响，决定不再继续学医，而去学社会科学。当时他认为学好医术也只能治一人之病，而学好社会科学才能治万人之病。于是费孝通离开家乡来到北平，进燕京大学社会学系。

　　燕京大学的社会学系并不能满足他的愿望，在课堂上，很少讲到中国的社会。到了快结业的那年，美国芝加哥大学的社会学教授派克到燕京大学来讲学。学生听到他讲怎样在都市里实地调查，于是班上的同学如杨庆堃、林耀华、黄迪、廖太初等就开始商量要用同样方法去研究中国社会。同时他们了解到这种研究方法是从社会人类学里学来的，费孝通就想去学人类学。1933年费孝通从燕京大学毕业后，在老师吴文藻教授支持下，考入清华大学，在社会学及人类学系作了研究生，指导他的是一位名叫史禄国的俄籍人类学教授。这位导师来自欧洲大陆，他所谓的人类学范围包括得很广。他为费孝通订了个六年计划，分三个阶段，一是学体质人类学，二是学语言学，三是学民族学，要费孝通从头学起。由于费孝通有医学预科的基础，所以还能跟得上补习动物学、解剖学和人体测量学。1935年学完第一阶段后费孝通写了两篇论文：一篇是根据一个日本体质人类学者所发表的朝鲜人的人体测量资料，分析朝鲜人的体质类型；一篇是用他自己在北京监狱及北京某部队里得到的人体测量资料，分析中国人的体质类型。

1935年由于史禄国教授要出国休假，而且休假之后也不准备再回清华，所以他主张费的学习计划第一阶段告一段落，应提交论文，要求毕业考试，如果考试成绩符合清华资送出国深造的条件，后两个阶段的学习可以在国外补足。费听他的话，取得了公费留学的机会。史禄国又为他出了个主意，就是在出国前到中国少数民族地区进行一次实地调查，然后携带调查资料到国外去分析研究。1935年暑假，费又遵照导师的指导，偕同其新婚的爱人王同惠前往广西大瑶山(今金秀瑶族自治县)进行调查。费主要是进行人体测量，王则调查社会情况。是年12月16日，他们转移调查地点时迷失道路，费误踏虎阱，腰腿受伤，妻出外觅援而溺水身亡。后来费遇救被背回村寨，夫妻俩一死一伤由瑶族同胞护送出山。费这次调查所得到的人体测量资料，经久没有分析，带出国又带回来，最后在1946年李、闻事件中仓促离滇时遗失在云南，是一大损失。费在广州治伤期间，根据亡妻的调查资料，编成《花篮瑶社会组织》报告，1936年在商务印书馆出版，1988年由江苏人民出版社重版。

　　费伤愈后，回家乡一个农村里休养，利用这机会进行了一次社会调查。1936年夏，他携带这项调查资料去英国留学，入伦敦经济学院，在马林诺斯基教授指导下学习社会人类学，并根据农村调查的资料写了一篇论文，1938年获得伦敦大学博士学位。这篇论文1939年在伦敦Routledge书局出版，书名*Peasant Life in China*，中文名《江村经济》。这书后来流传颇广，曾被国外许多大学的社会人类学系列为学生必读参考书之一。因为这个缘故，费后来尽管和国外学术界隔离了几十年，新的一代各国社会人类学者大多还知道费这个人，近年来费重在国外出现时，他们对费也分外亲热。该书现已译成中文，1987年由江苏人民出版社出版。

　　1938年暑假，费从英国返国，沿海诸省均已沦陷。费从西贡登陆，径入云南。这时吴文藻已先到达昆明，并在云南大学开办社会学系。费即在该系担任教授，接受中英庚款资助在内地农村开展社会调查，并在云大成立与燕京大学协作的社会学研究室。参加研究室工作的前后有张之毅、史国衡、谷苞、田汝康、李有义、胡庆钧等人。他们采取社会人类学的实地调查方法，研究农村、工厂、少数民族地区的各种不同类型的社区，出版了调查报告若干种，费自己写的是《禄村农田》。

　　1943年美国政府以同盟国的身份邀请中国各大学派遣教授赴美访问。云南大学派费应邀初访美国，历时一载，由太平洋学会资助，编译云大社会学研究室研究成果。在芝加哥大学得到雷德斐尔德夫人的协助编译成*Earthbound China*一书，在芝加哥大学出版社出版。该书中文版名称《云南三村》，1990年由天津人民出版社出版。费又在哈佛大学得到梅岳教授指导编译成*China Enters the Machine Age*一书，均在美国出版。

访美归来，国内政局日趋紧张。1945年费由潘光旦介绍参加中国民主同盟，投身爱国民主运动。同时，转入西南联大，为清华大学教授。1946年因李、闻事件被迫离滇，并于该年冬重访英伦。1947年回返北平，继续在清华任教，直到解放。在这段时期里在学术工作方面，费主要是整理讲稿，有1947年出版的《生育制度》、《乡土中国》等，翻译方面有马林诺斯基的《文化论》、斐斯的《人文类型》、梅岳的《工业文明的社会问题》等。此外还写了许多结合时事的文章在国内各刊物发表，后收集成小册子出版。

新中国成立后，费于1950年起参加国内的民族工作，曾随同中央访问团在贵州和广西少数民族地区进行访问和调查。1952年调到中央民族学院工作。1955年到贵州进行民族识别。1956年参加人大常委组织的少数民族社会历史调查，到云南进行工作。这段时期费行政组织任务较重，写作不多。

1957年在"反右"斗争中费被错划为右派。1959年摘帽后，配合当时中印、中阿、中巴划界工作，从事搜集有关地区的民族、地理等英文资料，供有关部门参考，后来编成八册《资料汇编》，历经浩劫，经吴泽霖先生译成中文，但未出版。

在"十年浩劫"中，费经历了知识分子受迫害的全部过程，住牛棚、上干校。1972年回到中央民族学院，才重握笔杆，从事翻译，和吴文藻、谢冰心诸前辈一起翻译了两部世界史：其一是大学里的课本、海斯及穆恩著的《世界史》；一是费平生很爱读的韦尔斯的《世界史纲》。两书均已由三联书店出版。

1978年费调到中国社会科学院民族研究所工作。是年，他参加了庆祝宁夏和广西两个民族自治区的纪念活动，又重访金秀瑶山，提高了他对民族研究的兴趣。他在政协民族组的一次关于民族识别问题的发言里，也流露了他当时想进行调查的想法。11月去日本京都参加联合国大学召开的东亚学者的学术讨论会，他发言的题目是《对中国少数民族社会改革的体会》。

1979年春节后不久，社会科学院胡乔木院长秉承中央意图，提出了重建中国社会学的任务，而且要费把工作重点转移到这个新任务上。这自然是他义不容辞的事。他想到50年前决心学习社会学以来所走过道路的崎岖曲折，现在有此机会为实现早年宿愿，又怎能不全力以赴呢？而且他一向认为社会学和社会人类学是不应当分开的，它们都是研究人类社会的学科，在国外之所以分成两门学科，实在是出于它们特殊的历史原因，在我们中国没有分科的必要。在费个人来说，他所想进行的民族研究也就是在少数民族地区进行社会学的研究。接受新任务并不是改行，只是因为社会学停顿了30年,现在重建这门学科,就必须从头做起,培养新的一代,那就有很多准备工作要做,要培训教员,编教材,费原本打算自己去搞几项研究的设想一时落空了。当时他年纪已快到七十,再花几年在这一类的工作上,这一辈子可能也就谈不上实地调查了。

为了重建社会学,1979年春季费参加中国社会科学院代表团去美国访问,了解国外社会学的情况。访问回来他写了一本《访美掠影》,这固然是一本通俗的旅游笔记,但目的是在为美国社会作一速写,并通过这种尝试使一般读者接触到社会学的分析方法。是年秋季他又去访问加拿大,利用该国麦吉尔大学邀请他到柯明斯讲座作演讲的机会,从东到西地访问了十个重点大学,接触了该国的社会学和人类学者。他这次演讲的题目是《中国的现代化和少数民族》。1980年春,他参加在美国丹佛召开的应用人类学会年会,在这次年会上接受该会的马林诺斯基纪念奖,为此他宣读了《迈向人民的人类学》的讲话。在这篇讲话里,他发表了对社会人类学发展前景的意见。

1979年成立中国社会学研究会,目的是为社会学恢复名誉,并联系过去学过社会学和愿意参加重建社会学的人。在成立大会上他发表了《为社会学再说几句话》,并被选为该会会长。1980年在中国社会科学院成立社会学研究所,他被任命为该所所长。1980年和1981年暑假各开办了一期讲习班,培训社会学事业人员,准备教员及教材。费主编的《社会学概论》于1983年出版。

重建社会学的工作告一段落后,他即投入实地社会调查:一方面继续在江村追踪观察,1981年写出《三访江村》,1985年写出《九访江村》;另一方面在农村调查基础上深入小城镇调查,希望逐级攀登,搞清楚中国的城乡网络。1983年他在江苏省小城镇研究讨论会上作了《小城镇 大问题》的讲话。该项课题从吴江一个县做起,扩大到江苏全省,再走出江苏到沿海内地和边区各地作比较研究。他每次访问都写出调查体会,为以后的研究工作破题开路,其中江苏部分已收入1985年出版的《小城镇四记》。

1984年他去内蒙古调查,开拓了边区开发的新课题,这是他对中国少数民族研究的继续。1986年,他汇编了一部分访问记,出版了《边区开发四题》。

为了加强他自己的研究工作及培养新的一代社会学研究工作者,他辞去中国社会科学院社会学研究所的职务,转入北京大学社会学系,并筹建北京大学社会学研究所。

自1982年恢复实地社会调查之后的五年期间,在写作上是他的丰收年,每隔一年多就把这期间发表的论文及讲话汇编成一册出版。他衷心希望在这一生的最后年月里能夺回他失去的二十年。

这期间他还得到国际学术界继续给他的鼓励。1980年国际性的人类学会授予他马林诺斯基奖状。1981年英国皇家人类学会授予他该会最高荣誉的赫胥黎纪念章。1983年英国伦敦大学政治经济学院选举他为该校荣誉院士。1986年英国皇家人类学会又选举他为该会荣誉会员。1987年《大不列颠百科全书》授予他该年的荣誉奖章。1993年获日本福冈该年度亚洲文化大奖。1998年获霍英东杰出贡献奖。

从1983年起至1988年，费任中国人民政治协商会议副主席，1988年起至1997年任中国民主同盟主席，同时任中国人民代表大会常务委员会副委员长至1998年。1997年任中国民主同盟名誉主席。2005年逝世。

（韩明谟）

二、志在富民——费孝通老师的革命人生

"志在富民"这四个字，价值千钧。它是费老师自20世纪30年代以来，在70多年的学术生涯中不懈追求的崇高理想，是他以毕生实践谱写出来的人生哲学，是他博学为师、信道笃行的灵魂。

著名的社会学家、人类学家、民族学家、教育家和社会活动家费孝通老师走过95年艰辛、曲折而辉煌的旅程，和我们永别了。然而，他并没有死。他给我们留下了珍贵的精神财富：《费孝通文集》(16卷)、《费孝通社会学文集》(4卷)、《费孝通民族研究文集》、《费孝通译文集》(2卷)、《民族译丛》、《从实求知录》、《学术自述与反思》、《费孝通诗存》等。这是一份人类文化遗产。

1943年至1948年，我在西南联合大学和清华大学聆听过费老师主讲的"西洋社会思想"、"西方社会学名著选读"等课程，以及他在群众集会上的若干演讲，受益殊深。

1952年，各大学社会学系被取消，社会学、人类学被列为"资产阶级的伪科学"，判了死刑。社会系的师生被冷眼蔑视，深感压抑、窒息和困惑。费老师被错划为"右派"分子之后，及至"文化大革命"中受迫害的基本情况，因我与他所在

的中央民族学院有工作上的联系，故间接有所了解。1978年，费老师受命在中国社会科学院筹建社会学研究所，重建社会学。这时，先生通知我前去参加了一个座谈会，宣告要调我到社科院社会学研究所协助工作。我因文化基础很差，资质愚钝，自愧不才，不胜重托；再因我长期在中共北京市委高校党委、大学科学工作部工作，"十年浩劫"中被罗织了种种罪名，尚未彻底平反昭雪，故未就职。余既辜负了先生厚望，又坐失了接受先生教诲的良机，甚为遗憾。

为弥补学历虚名，近读费老师的宏文巨著，首先以先生毕生追求的高尚目标"志在富民"为题，写点读书笔记，以求自省。

（一）革命者的价值观

费老师"志在富民"的思想萌发于1930年。当时，他在东吴大学读医学预科二年级，本想进北京协和医学院，将来当大夫，治病救人。因参加"五卅"反帝爱国游行活动，加之一同学在校内被打，便举行罢课抗议，校方进行镇压，开除为首的学生，费孝通被责令转学。这迫使他重新选择自己的发展道路。

他深切感悟到国家民族处于存亡绝续关头，中国人最大的问题，是会不会亡国的问题，而不是个别人生病就医的问题。青年人关注的是决不能当亡国奴，必须投入救亡运动。不解决国家和民族的前途命运问题，也就谈不到个人的出路。一个人生了病，不单纯是受细菌或病毒的感染，更重要的是他生活贫困、营养不良，各种恶劣的社会环境的侵蚀使他生病。要防治疾病，不仅要着眼于病毒、细菌，还必须懂得人类社会。由病见人，由人见社会，病源不在个人，而在社会，要治病，必须先治社会。他认定"为民造福"比"为个人造福"更有意义，基于这样的价值判断，便毅然放弃了成为一个医生的前途。

1930年，费老师带着想要了解中国、救中国、决不当亡国奴的心情入燕京大学社会学系三年级，想从这里学到一些认识中国进而改造中国的观点和方法，去推动社会的进步。他认定，这是救国家、救民族的正确大道。

费老师在青年时代就忧国忧民，矢志报国，把自己的命运和国家、民族的命运紧密地联系在一起，正确处理个人与国家、民族的关系，确立了"志在富民"的人生坐标，在社会发展的进程中找到自己为民致富的位置，找到了人生的价值。他认定知识、本领取之于社会，用之于社会，到头来也才问心无愧。他铭记古人的一句名言："众里寻它千百度，蓦然回首，那人却在灯火阑珊处。"

（二）《江村经济》是费老一生学术道路上的里程碑

费老师在70多年的学术生涯中，怎样实现"志在富民"的崇高理想？关键在于他坚持治学的根本态度。

一是"天下兴亡，匹夫有责"，反对学究气、书生气。

二是"学以致用"。他坚持把理论和实际紧密地结合起来，从实际生活中总结规律性的东西，由感性认识上升到理性认识，指导实践，认真学习、总结、宣扬农民创造的先进经验，反对教条主义、形式主义和空头政治。

费老师还坚持一套科学的治学方法，主要是一切从实际出发，从广大人民群众目前的和长远的利益出发，实事求是地了解调查对象所处的地理环境、物质资源、人口及土地占有、生产方式、经济效益、农民生活状况、民族特征、文化习俗等情况。他对这些资料都有量化的数理统计，没有套话、空话和官话。他的调查工作，从个别到一般、局部与整体、地区与全局、城镇与农村、国内与国际等等都有比较、有分析、有评估，严肃地总结经验，提出困难、教训和问题，针对问题，以"出主意、想办法、做好事、做实事"的主人翁精神，积极向当地领导部门直至中共中央提出解决问题的可行性方案和建议。尤为珍贵的是，费老师牢牢抓住调查对象进行长期跟踪调查，看其发展变化，准确地掌握住唯物辩证法的灵魂。他辛勤耕耘一生，在科学园地上结出累累硕果。

1933年，费老师从燕京大学毕业，利用假日，参观考察了当代中国的思想家梁漱溟先生在山东邹平县创办的乡村建设工作，给梁先生留下良好印象。在过了55年之后，梁先生96岁高龄时，曾积极评价道："在民主党派中，对费孝通的印象最好。近年来，他深入农村工厂，走江南谈江南，走江北谈江北，他真'通'了。希望现在的年轻人也能如此！"

费老师大学毕业后，随即入清华大学研究院，1935年毕业，被选送英国留学。他的导师Shirokogorov(史禄国教授是苏联早期的一位世界级人类学权威)劝告："你出去，要写论文，两手空空出去是不行的！要到少数民族地区去搞一年调查，论文资料必须在中国弄好。"

费老师是怎样考虑到少数民族地区去搞调查呢？他知道，现在中国念社会学的学生有一种苦闷，一方面是苦于在书本上、在课堂里得不到认识中国社会的机会；另一方面是现在一般评论中国社会的人缺乏正确观念，他们不认识社会，话愈多而视听愈乱。我们受了相当社会学理论的训练，应当走到群众中去，希望能为一般同样受着苦闷的人找一条出路。换言之，要为研究社会的人提供一个观点，为要认识中国社会的人贡献一点材料。

怎样进行调查？吴文藻教授提示：我们要从Community(社区)着眼来观察社会、了解社会。社区包括：一个社区的人民；人民所居处的地域；人民的生活方式或是文化。费老师和新婚妻子王同惠到广西大瑶山搞调查，因向导失引，费老师误踏捕虎陷阱，身负重伤，王同惠觅援求救途中失足落入山涧，溺水遇难，调查被迫中断。费老师沉痛悲叹："人孰能无死，只怕死不得以其时。同惠可以无愧此一生，我只是羡慕她。"费老师化悲痛为力量，抱病写出《花篮瑶社会组织》，其很多思想源头，如人口问题、土地问题、人民生活方式或文化问题等都萌发在这篇文章里。

费老师在家乡疗伤期间，对位于江苏太湖东南岸的开弦弓村进行实地考察，后形成了《江村经济》一书，描述中国农民的生产、消费、分配和交易等体系，着重说明了这一经济体系与特定地理环境的关系，以及与这个社区的社会结构的关系。这个村庄同中国大多数村庄一样，正经历着一个巨大的变迁过程。这本书还说明这个正在变化着的乡村经济的动力和问题，指出中国人民肩负重任，正在为当前的抗日斗争付出沉痛的代价，通过坚持不懈的努力，中国将再一次以一个伟大的国家屹立在世界上。这本书并不是一本消失了的历史记录，而是以千百万人民的鲜血写成的世界历史新篇章的序言。

费老师在《江村经济》的最后一章结论里进一步着重阐明：中国的问题，饥饿是真正关键的问题，农民最大的问题是吃不饱。因此，"志在富民"的人生目的，就是要让老百姓富起来，要解决农民的穷困，要吃饱穿暖。

文章论述了饥饿发生的根本原因是封建剥削，农民生产的一半果实被地主剥削去了。这个地方人多地少，人均不到1亩地，由于严重的封建剥削，村民基本上成了佃户。现有的土地已受到相当严重的人口压力，没有足够的劳动对象来利用多余的劳动力，家中多余的劳动力成了沉重的负担，由此提出了控制人口的紧迫性问题。

怎样最终解决中国的土地问题？费老师提出了解决的办法：关键在于应增加农民的收入。农民的穷困还在于中国农村经济结构简单，只靠农业是不行的，一定要有副业，一定要工农相辅。他强调，恢复农村企业是根本措施，工农相辅是中国农村经济的基础。

1938年，费老师根据在家乡农村的调查材料用英文写成博士论文，题为 *Peasant Life in China*(后来中文译为《江村经济》)。在他的导师、现代人类学的缔造者、英国人类学功能派大师马林诺斯基（Malinowski）的指导和鼓励下，他通过答辩，获哲学博士学位。1939年，此书在英国Routledge书店出版，马林诺斯基为该书作序，序里说道：

> 我敢于预言，费孝通博士的《中国农民生活》（即《江村经济》）一书将被认为是人类学实地调查和理论工作发展中的一个里程碑。此书有一些杰出的优点，每一点都标志着一个新的发展。本书让我们注意的并不是一个小小的微不足道的部落，而是世界上一个最伟大的国家……这是一个实地调查工作者的最珍贵的成就。

又说：

> 此书的某些段落确实可以被看做是应用社会学和人类学的宪章。"中国越来越迫切地需要这种知识，因为这个国家再也承担不起因失误而损耗任何财富和能量"。

马林诺斯基这个评价，第一次向全世界宣扬了中国社会学家的杰出成就和骄傲。这本论著问世后，引起国际人类学、社会学界的高度关注，被列入"国际社会学丛书"。西方许多国家的高等学府把它作为人类学的教科书。西方读者通过《江村经济》等费孝通的系列论著，把费孝通看做是中国农民的代言人。这是费老师学术生命第一阶段的光辉篇章。

（三）《云南三村》提出乡土社会和乡镇企业的概念

1938年秋初，费老师离英回国，到云南大学社会学系执教，随即深入昆明市西侧禄丰县、易门县、玉溪县的农村，1940年冬转移到呈贡县古城村，相继搞了6年农村调查，以土地制度为研究中心，了解以农业为主的内地农村结构。他坚持根据事实说话的科学态度，打破尚空谈和闭门造数字的作风，调查研究获得丰硕成果。除发表了大批文章外，他还编著了《乡土中国》、《乡土重建》、《内地农村》、《云南三村》(英文版名Earthbound China，译意为"被土地束缚的中国")等书，主要剖析了以下三个问题。

一是土地问题；二是人口问题；三是发展副业和手工业生产。费老师指出，在农业之外必须开辟新的生产事业；人多地少的中国农村，单靠农业生产的收入是绝对不行的，要想富起来，必须进行副业和手工业生产，就是要将农村里的劳动力尽可能地转化为生产力；他认为，劳动力的浪费，是物质资源的最大浪费；在各村的调查研究报告提出：中国今后的工业组织形式必须做到农民可以分享工业利润，以便提高农民的生活水准，否则，农民将无法生存，中国最终也难以避免是一个饥饿的中国之命运。

《云南三村》调研的成果，引起太平洋学会和外国专家学者李约瑟、美国费正清夫妇等前来参观访问，并给予很高评价。他们在国外进行宣传报导，帮助出书发行，并促成美国国务院邀请费老师到美国作学术研究和文化交流，时人称之为"墙内开花墙外香"。

（四）为少数民族呐喊

从1950年起，费老师任中央访问团副团长、贵州分团团长，对贵州27个少数民族进行了八个月调查研究，写出《贵州少数民族情况及民族工作》调查报告，另外，还发表了七篇关于贵州兄弟民族的情况介绍，后来编辑为《兄弟民族在贵州》一书。这次调查着重摸清了这个省少数民族的基本情况，调查报告对少数民族最关心的社会改革问题向中央提出了意见和建议。

在贵州调查之后，费老师又率中央访问团广西分团赴广西和西南少数民族地区、内蒙古呼伦贝尔草原进行调查研究，写出《广西龙胜民族民主建政工作》、《关于广西壮族历史的初步推考》、《话说呼伦贝尔草原》、《开展少数民族地区调查研究工作》等多篇论著，对于促进我国少数民族工作的进展，增强各民族的团结和经济的繁荣做出了积极贡献。

费老师在民族学方面的成就，有其深厚而且广博的历史积淀。他年未及冠，就在父亲和家教老师的教导下喜读司马迁的《史记》，为了解中国历史文化打下了坚实基础。

他对西方学者关于民族问题的名著也作了浩繁的翻译工作。他翻译外国人写的书，始终是和他的学术研究密切配合的，是相辅相成的。他说，这些译作在他的思想变化过程中起过一定的作用，从其译作中可以了解他的思想发展的背景。这些译作的内容可以包含在他的思想里：1931年翻译《印度农村改造问题》，1932年翻译《中国战争目击记》；在《费孝通译文集》(上下集)中收录了西方现代社会学、人类学的五部经典著作的译著，其中[美]乌格朋的《社会变迁》一书，是1935年翻译的，曾作为"汉译世界名著"于1936年由商务印书馆出版；1940年初翻译[英]马林诺斯基《文化论》，被列为"外国民间文学理论著作翻译丛书"之一，于1987年出版；之后他又陆续翻译了不少东西，比较重要的有Sidney Webb著的论述英国经济发展的很重要的几本书，译稿在"文化大革命"期间被抄走毁掉了；1966年上半年译出塞利格曼（1873～1940，英国早期研究世界民族的学者、现代社会人类学的先驱者）的《非洲的种族》一书，这本书初版于1930年，是英国"家备丛书"之一，成为有关非洲民族的标准读物，是社会人类学入门启蒙之作，是当时指导社会调查的手册（费老师1936年在英国留学时，即读了这本很受学术界重视的书，译稿于1966年9月1日被抄家丧失，1979年重新翻译出版）。

"文化大革命"后期，中印（度）关系一度紧张，他和吴文藻、谢冰心等人，接受了上级布置的任务，从外国出版物中搜集有关中印边界地区的政治、历史、地理等方面资料，摘录汇编，译成中文。

1972年，费老师受命与吴文藻、谢冰心等人翻译Carlton J. H. Hayes（海斯）、Parker Thomas Moon（穆恩）、John W. Wayland（韦兰）的《世界史》，由生活·读书·新知三联书店出版，出版物上竟然抹掉了翻译者的姓名，拿一个研究机构来冒名顶替。

1973年，费老师继续与吴文藻、谢冰心等人翻译H.G.Wells(赫·乔·韦尔斯, 1866～1946)的 The Outline of History（《世界史纲》），原著最初于1920年出版。这是费老师早年熟悉的一本分量比较重的书，从地球的形成、生物和人类的起源，直到现代的世界史，对民族的形成和社会发展史、对各种历史事件都作了简要叙述。1947年，费老师在清华大学"西方名著选读"课上曾意味深长地引述过《世界史纲》中关于"中国的智慧和束缚"一节：

在唐初诸帝时代，中国由于迅速恢复了统一和秩序而赢得了这个伟大的领先。为什么没有保持下来呢？为什么它没有把这个在文化上和政治上支配全世界的地位保持到今天呢？

中国确实在一个长时期内保持了领先的地位。只在一千年以后，在16和17世纪，有了美洲的发现，有了西方印刷书籍和教育的传播，以及有了近代科学发现的曙光，我们才能有信心地说西方世界开始再次走在中国的前头。在唐朝，中国的极盛时代，其后又在优雅的却颓废的宋朝（960～1279），以及又在文化很高的明朝（1368～1644），中国呈现了繁荣、幸福和文艺活跃的景象，远在任何同时代国家的前头。看见中国得到了这么大的成就，为什么它不能有更大的成就呢？中国的船舶远航四海，在这时期有相当大的海外贸易，为什么中国人没有发现美洲或澳洲呢？

中国人在6世纪就知道火药，比欧洲用煤和煤气取暖以前早几百年。中国人的桥梁建筑、水利工程都是值得美慕的；表现在他们的搪瓷和漆器上的物质知识非常广博。为什么他们从来没有组织一个对世界近代科学起先导作用的记载和合作探讨的体系呢？虽然他们的一般训练是有礼貌而克己的，为什么思想教育从来没有渗透到一般民众之中呢？虽然他们天赋才智特别高，为什么中国广大群众从来一直是，而且至今还是文盲呢？

他要我们思考韦尔斯所提出的上述若干个"为什么"，给我们以巨大的震撼。这是令我们永志不忘的费老师传道授业解惑的一具生花妙笔。

费老师借鉴国际民族问题的经验和教训，坚持强调：维持国家民族的大团结，不能仅仅靠感情，更要靠物质基础，最根本的是要靠各民族共同繁荣，地区之间、各民族之间要共同繁荣，要先富帮后富，先进帮后进。所谓"帮"，不是救济，不是国家补贴，而是要发展当地的经济，自力更生，自己能够站起来，这是社会主义道路；不走这条路，则后患无穷！

1987年3、4月，他在《海南行》、《发展民族优势，开拓民族经济》诸文中深刻论述：我们需要走一条社会主义制度下各民族共同繁荣的道路，这是一个根本问题；一个民族首先要自己站起来，自己走路，自己发展，绝不能依靠别人过活，一切伸手。这方面的教训太多了。

对少数民族帮助和照顾的目的，应当是发展他们本身的优势，增强少数民族自力更生的能力。他说，帮助少数民族有两条办法：一条叫"输血"，一条叫"造血"。我们过去花在少数民族身上的钱不少，"输血"较多，花在"造血"上不多，决不能满足于"输血"，应当赶紧想办法帮助"造血"。海南岛是一个多民族聚居的地方，全岛聚居着30个民族，为什么会出现"富饶的宝岛，穷困的少数民族"？不能不承认我们过去有些政策不对头，不能不看到过去决定在海南岛发展橡胶生产时没有考虑到少数民族要发展，没有给他们留下足够的土地来发展农业。

为什么"造血"工作做得不够？有些人口头上是讲重视少数民族，而头脑里缺乏真正帮助少数民族发展的观点，还停留在把帮助少数民族看成是救济和补贴，并没有提出真正帮助少数民族站起来的有效措施。50年代开发海南岛种橡胶，只是靠外面的人进去种，没让当地少数民族人民学会种橡胶，这便出现国营农场与黎族、苗族农村的矛盾,引起后来一系列的问题。

费老师进一步指出:民族地区的发展必须是民族本身的发展,不能离开民族的发展来讲发展民族地区的经济。海南岛的发展必须包括岛上各民族的共同繁荣,这是发展战略的前提,用这条原则来检查海南岛过去30年的历史,有许多经验教训值得吸取。

1987年4、5月,费老师相继发表《发展民族优势,开拓民族经济》、《少数民族地区发展战略》等文。他根据近两年对我国西部民族地区的调查研究,提出了16个字的发展战略构想:"以东支西,以西资东,互惠互利,共同繁荣。"就是东部用技术、用资金支持西部;西部用原料、资源向东部去换技术、资金,以达到共同繁荣。

鉴于新中国建立以来,少数民族的社会地位有了明显的变化,从不平等、民族压迫,变到民族平等友好,中华民族团结成了一家人,但是还存在"事实上的不平等",各民族之间在生活上、经济上、精神文明各个方面都存在差距。

费老师在考察甘南和临夏回族自治州时,意味深长地引导人们回顾祖先开辟"丝绸之路"的辉煌历史。他指出,各民族的特长和素质是历史形成的,这些特点是他们发展过程中可以凭借的优势。

他设想:在甘肃临夏和青海的海东地区,以回族为主,加上藏族、汉族和其他少数民族,建立一个青藏高原商品经济的基地,"东引西进",向东面引资金、引技术,向西面开辟市场、购取原料;并且"以商带工",逐步把商品经济基地的工业带起来。这样,西北的经济面貌可以较快地得到改变。他认为,青藏高原的开发必须要从发展商品经济入手,只有用商品去打开封闭的大门,才可以改变青藏高原的经济面貌。

为了使西北有一个大的、更大的发展,费老师首先倡导建立一个黄河上游多民族经济开发区,包括1000公里黄河、1000万人口、两省两区(青海、甘肃、宁夏、内蒙古)。他带领民盟组织了一次专题调查,提出:要用西部的资源、材料去帮助沿海地区;沿海地区要用技术力量和设备来支持西部。过去中央在大西北投资很大,建了工业基地,但这个地方还是脱不了贫困。所以,如果净搞大工业,搞单打一,没有小工业,结果地方资源是出去了,从中央拨回来的钱只够养活政府里的工作人员,至多建立几栋漂亮的大楼,老百姓分不到多少。他强调说,我们做什么事情都要先想到让老百姓富起来。

1987年8月,费老师调研"呼盟",在《话说呼伦贝尔森林》一文中指出:要落实周恩来总理生前曾提出的要做到"青山长在,持续利用",林业资源的开发必须有长期打算，有伐有育；如果只伐不育，青山变成荒山，林业资源就遭到破坏，当地的老百姓就直接受害。费老师提出两条办法："一是改革林业管理体制，实行统一领导。二是开发多种经营，个体、集体、全民一齐上，实现青山长在，林区居民富裕。"

关于少数民族地区的脱贫致富问题，费老师在《访骆驼之乡》、《发扬民族优势脱贫致富》等文中反复论证以下几个基本观点。

少数民族要发展，就要改革开放。首先是领导思想要开放，不开放不行，不要怕人进来，应该千方百计地去找那些有专长的人才，帮助发展生产；要国营企业、集体企业、个人企业一起上，特别要鼓励发展乡镇企业；少数民族要向汉族学习就得学汉语，不懂汉语就容易孤立自己，不能参加到整个国家的大社会里去；要把发展生产力作为检验工作的标准。

他连续5年去甘肃考察。黄土高原是中华民族的发祥地，早在80年代初，中央有位领导同志就提出"以西济中"的两西计划，让人多地少、活不下去的中部干旱地区的农民迁出一部分来，成为开发河西新开辟的灌溉区的劳动力。费老师看到绝大多数移民都做到"一年搬迁，两年定居，三年解决温饱，四年迈开致富步伐"，在1989年的《甘肃行》一文中高兴地称颂：必须为黄土高原恢复名誉，黄色是绿色的底子，贫困可以征服。

费老师深情地表述：我们用已有的知识可以帮助少数民族，但不要好高骛远，应该认真地想一想自己一生对人民有什么贡献，要在少数民族事业上做些事情，才对得起人民、对得起党。

90年代，费老师继续奔向黄土高原，在《开发大西北》一文中，他指出，黄河上游的开发应与长江三角洲联结起来成为一条中华巨龙，龙的一头是上海，另一头是黄河上游地区，它是提供原材料和发展加工业的基地，让这个中华民族文化的摇篮恢复其本来面貌，只有这样，我们才无愧于下一代，我们就可以比较宽松地迈入21世纪。

在提出开发大西北的意见和建议之后，开发大西南，又成为费老师边区开发研究的新课题。1991年6月2日，他从北京出发去西昌、攀枝花和凉山彝族自治州。八十老翁，在海拔2000米以上的崇山峻岭中连续9天跑了1300多公里，提出"一点、一线、一面"的开发设想：就是以攀西开发区为中心，重建由四川成都经攀西及云南保山，从德宏出境，西通缅甸、印度、孟加拉的南方丝绸之路，为川、滇、黔大西南的工业化、现代化奠定基础。费老师在《凉山行》一文中叙述这里早在公元前4世纪之

费孝通1990年重访云南山村，在少数民族同胞家中留影

前已是通往亚欧各地的必经的路，到唐、宋时开辟了有名的南方丝绸之路。针对攀西地区社会经济结构存在突出的问题，他提出州市结合、工农贸结合、轻重工业结合和各民族结合的"四结合"发展对策。这是费老师对边区开发的又一份贡献。

（五）大"右派"横祸之谜

费老师1957年被错划为大"右派"，到1980年平反昭雪，恢复名誉，含冤23年。这究竟是为什么？就我所知，有以下几条"罪证"。

第一，《为社会学说几句话》。

1952年，大学取消社会学系，说社会学是"资产阶级的"、"反动的"、"伪科学"。1957年2月12日，费老师应《文汇报》记者之约，要求回答"现在有无必要恢复社会学？"费老师坚持科学态度，表明原则立场，认为在社会主义改造和社会主义建设的过程中出现了许多新的人和人的关系，其中主要的是新的生产关系，生产关系的改变又要求其他方面的各种关系产生相适应的改变。这些变化都存在着客观的规律，我们如果能掌握着这些客观规律，那么改造起来就顺利些；如果摸不清这些规律，我们就会吃亏。这里就有学问，也就有科学。

官僚主义者们对于费老师把社会学当做科学，并应用社会学原理和方法进行实地调查，掌握客观规律的看法，当做"攻击党"的"右派"言论的一份铁证。

第二，党和非党的共事合作关系。

怎样建立起社会主义社会里的人民内部的政治关系？费老师指出：这是一门新的学问。知识分子思想的变化问题、人才的使用和安排、人事的管理等问题，这些问题现在是处理得不免太简单化了些，而且的确出了一些问题。这又是一门学问。

在这里，费老师以国务院专家局副局长的身份铁骨铮铮、仗义执言，被认为是"反党"。

第三，人口问题。

费老师关于中国"人多地少"的基本观点，早在1936年的《花篮瑶社会组织》及其后的《江村经济》等等论著中就一再阐述过人口众多的忧患。1949年新中国建立时，人口约为4.5亿，到1953年第一次人口普查时，已突破6亿大关。当时人口增长率已达20‰以上，马寅初提出了控制人口的意见，并谆谆告诫说："人口问题，千万千万大意不得！现在不努力，将来后悔莫及！"毛泽东多次批评马寅初等学者"杞人忧天"。这里所批评的忧天"杞人"，费老师也在其内。费老师对于这种批判表示愤慨和不满，在谈到人口问题时他说，因为批判了马尔萨斯人口论，大家都不敢再提这个问题了，大家不敢谈，并没有取消这个问题；对于这些问题，用科学方法来调查研究，比闭了眼睛说没有问题对我们有利。

血的事实，胜于墨写的说谎和诡辩。

第四，《重访江村》挑战"左"倾思潮。

1957年3月底，费老师到开弦弓村调查了20天，写出《重访江村》报告，提出这类人多地少的地区在发展粮食生产的同时，必须大力发展副业，如果忽略了副业的多种经营，那就会发生严重的问题。为什么农业增产了60%，还是有人感觉到日子不好过呢？问题出在忽略了副业。这也就批评了当时推行"以粮为纲"的方针，强调农业单一生产粮食，不准许农民搞副业生产，不允许搞"自留地"、卖鸡蛋，说这是资本主义萌芽，要割资本主义尾巴，把当时保留下来的一点点农民的小型工厂、小商店都合并到国家统一的计划经济里面去，忽视发展农村副业，商品经济在农村就不存在了，农民虽然有饭吃，但是没有钱花。调查报告认为，要使农民富裕起来，路子是农村要办工业，发展副业。

针对广大群众响应党的号召，帮助党整风所提出的批评和建议，毛泽东于1957年5月15日写了《事情正在起变化》一文，指出，"最近这个时期，在民主党派中和高等学校中，右派表现得最坚决最猖狂"，还指出，"在我们的国家里，鉴别资产阶级及资产阶级知识分子在政治上的真假善恶，有几个标准。主要是看人们是否真正要社会主义和真正接受共产党的领导"。

但在"反右"斗争中，却把费孝通关于要尊重科学、按客观规律办事的正面诱导，关于批判新人口论的谬误，关于对知识分子的估价和要求，关于人多地少的呼吁和献策，关于"以粮为纲"政策的失误，以及对官僚主义作风的批评等，当做"资产阶级向党猖狂进攻"、"反共反人民的牛鬼蛇神"，是"毒草"，是"反革命"，被扣上大"右派"的帽子。他被停止了正常的社会活动，被排斥到普通公民的社会之外，不能参加社会上一般人的社会生活，被孤立起来，要人们和他"划清界线"。"文化大革命"期间把他和其他学者关到牛棚里面去。这一段历史，整整23年，直到1980年，由中共中央统战部宣布费孝通被错划为"右派"的冤案彻底平反，正式改正，恢复名誉，恢复一切权利。那时，费老师已经70岁了。

（六）《行行重行行》——第二次学术生命

费老师的第二次学术生命从1980年开始。他划这条线的心情和含义是凝重而深邃的。因为到1980年，被错划为"右派"的冤案已沉积了23年，才正式改正，恢复名誉，恢复正常生活，恢复一切权利。在平反会上，他说了几句话："我可以做事情了，可以说，没有人干涉我了。""我已经70岁了，老头了，在过去就是快死的人了。我希望不大，希望再活十年，所以我说我身边只有十块钱了。十块钱就是表示我的生命不长了。只有十年，打算还十年。我得好好用这十年，不得不加快步伐，一天当两天用。我要把十块钱集中起来买一个东西。"费老师把第二次学术生命的标题定名为"行行重行行"，就是要继续深入农村，一次一次地去跑，不断地出去跑、去看，因为年老已没有办法去做农民了，种田种不动了，只能看农民怎么生活的，看他们生活的变化。

到了1990年，费老师80岁，中共中央、全国人大和中央统战部为他祝寿，有人问："您这一生干的事情，有没有一个目的？推动您的力量是什么？"答曰："志在富民。"其志向是在富民，是要让老百姓富起来。早在30年代，费老师进行农村调查，在《江村经济》的结论里就指出，中国的问题，饥饿是真正的关键问题，农民最大的问题是吃不饱。所以，费老师认识到自己的责任就是要解除农民的穷困，要吃饱穿暖，这是第一步，是最基本的，就是要提高生产力。书中剖析了中国为什么穷。他说，从经济方面说，中国农村经济的结构很简单，不能只靠农业，只靠农业是活不了的，一定要有副业，一定要工农相辅，中国农村经济的基础是工农相辅。

费老师第二次学术生命开始，就去三访江村，再下去调查，行行重行行，去看农民的生活，研究城乡关系。1980年，时年70岁了，他还是要出去走，除了台湾、西藏外，全国各省他都去过了，都是到农村里去。他感叹岁月无情，"笑我此生真短促，白发垂年犹栖栖"。

费老师以"志在富民"为目标的农村调查研究工作，长期受到国际著名学者们的关注和重视。1981年11月18日，英国皇家人类学年会赫胥黎纪念会上，他的老师雷蒙德·弗思爵士请他以江村1936年以来所发生的变化为题发表演讲，他精辟论述：开弦弓村只是中国几十万个农村中的一个，用它作为一个观察中国农村变化的小窗口，它所经历的道路基本上是和中国的其他农村一致的，有共同性，但是也有它的特点。它们的共同性在于，当时中国的农民问题是个饥饿的问题，到1949年新

在甘南平生实地调查中的最高海拔处留影

中国成立以前，农民的生活更为贫困了。当时开弦弓村的土地56.5%被地主所占有，75%的人家靠租田和靠高利贷过日子，真是民不聊生。1949年解放，改变了政治权力的性质，人民当家作主了。1951年土地改革，改变了土地私有制，农民真正成了自己土地的主人。从此，中国进入了一个新的历史时期。

土地改革后，农民在自己的土地上耕种，积极性空前高涨，粮食生产增长。

1958年，建立了人民公社。在生产上提出了过高的指标，经济上搞平调，挫伤了农民的积极性，使生产受挫折，粮食减产，社员收入减少。到1960年，全国陷入经济困难时期。1962年，开弦弓村纠正了一些过"左"的措施，规定了以生产队为核算单位，实行了计件工资制，开展了农田基本建设，到1966年，粮食产量平均递增率达8.25%。

1966年到1976年，全国大动乱时期，由于强调"以粮为纲"，集体副业和家庭副业都受到了限制，管理上实行统一指挥，"一刀切"，分配上平均主义，"吃大锅饭"，农村经济陷入了停滞状态。

粉碎了"四人帮"，"文化大革命"结束后，1978年，纠正了大动乱在农村中的消极影响，中国的农村经济又进入了一个新的发展时期。1979年以来，贯彻执行了党的十一届三中全会决定的政策，改变了农村经济的结构，纠正了片面地发展粮

食生产，落实了多种经营的方针，大力发展了多种多样的副业，扩大了各种家庭副业，农村经济一下子变得生气勃勃。

费老师论证江村发展变化的经验，最基本的一条是人多地少，单靠土地来增加农民收入是有限度的，超过了这个限度，对土地的投入再多，而产出却相对很少，这就叫做"边际效益"（marginal utility）递减。因此，农民要想富，就要在农业之外发展副业，找到一条把农村剩余劳动力变成生产力的路子，创造出财富，农民就能富裕起来。

（七）《小城镇　大问题》

1982年1月，费老师第四次到江村调查，看到在发展中的农村需要有一个为它服务的中心，即小城镇。人们容易瞩目于大城市，而对小城镇发展的重要性和迫切性常被忽略。当时吴江的几个小城镇的不在册人口已达到在册人口的1/3，就是有许多人进入了镇里，而官方硬是不承认他们的居住权，甚至还要赶他们回农村。他指出，小城镇是个人口蓄水库，把农村剩余劳动力利用起来，而且留住他们不要向大城市冲击，这不是当前最合理的人口政策吗？！

1983年9月20日，费老师发表《小城镇　大问题》一文，是对吴江小城镇的历史与现状所作的探索，并把它作为国家"六五"规划中的一个重要课题。他指出，吴江小城镇有它的特殊性，但也有中国小城镇的共性，只要真正科学地解剖这只麻雀，摆正点与面的位置，恰当处理两者的关系，那么，在一定程度上点上的调查也能反映全局的基本面貌。当然，一只麻雀是不能代表所有麻雀的，可以选择几个不同类型的地区开辟新的调查点，以便作比较、分析，并制订必要的研究指标，为从点上的定性分析推向面上的定量分析做准备，使科学研究与实际要求挂起钩来。他认定科研、咨询、决策和实践四个环节是现代化建设过程中的一个周而复始的循环系统。

费老师告诫：科学研究要对客观事实负责，即必须实事求是每一门科学研究都不可避免地有它一定的片面性，越是专家，其片面性或许会越大，为了不使决策陷入片面性，对某一个事关重大的建设问题，应组织咨询小组进行"会诊"论证，集思广益，供领导作决策时参考。

建设小城镇的重要意义，当时已引起党中央的关注。1980年，胡耀邦视察云南省保山县板桥公社的小集镇后，在各省、市、自治区思想政治工作座谈会上讲了小城镇问题。他说，我们要发展商品经济，小城镇不恢复、不发展是不行的，要使农村里面的知识分子留得住不到大城市里来，不解决小城镇的建设问题就难以做到；

如果我们的国家只有大城市、中城市，没有小城镇，农村里的政治中心、经济中心、文化中心就没有了支撑的腿，所以一定要把小城镇的建设搞起来。

费老师体会胡耀邦同志的意见，指出搞好小城镇建设，是事关中国怎么生存下去的大事，是大问题。他按照小城镇的个性和特点进行分类，从实际情况出发，确定不同类型小城镇的发展方向。

他的调查工作以吴江县小城镇为对象，他认为该地小城镇在解放后发生的变化大体分为两个时期，人民公社化以后普遍衰落，直至70年代初期小城镇才有了转机，党的十一届三中全会以后才呈现出发展、繁荣的景象。

他认为，小城镇衰落的根由是由于"以粮为纲"，搞单一经济，取消商品生产，农民不再有商品拿到镇上来出售，小城镇自然也就失去了作为农副产品集散中心的经济基础。总之，由传统的重农轻商思想出发的"左"倾政策，是造成小城镇衰落的根本原因，小城镇越衰落，它附近的农村发展农副业商品生产的阻力就越大；反过来，农村商品经济水平越低，作为其中心的小城镇的衰落就愈发加剧，所以，农村与小城镇间经济上的恶性循环是小城镇衰落的必然结果。还有，商业渠道的统一国营化，引起小城镇的巨大变化，用行政渠道来控制商品的流通，势必造成农民买卖难的困境，而商业本身在经营上也容易滋长官商作风。限制、打击小城镇的个体和集体商业，这就大大削弱了小城镇作为农村地区商品集散中心的地位。小城镇的经济基础动摇以后，它作为人口的蓄水池也就干涸了，就成了农村经济继续发展的障碍。

时任中共中央总书记胡耀邦于1983年11月3日看了《小城镇 大问题》之后，写了一段批语，推荐给党内一些同志看，说它可以"给人以一定的思想启迪"。这对费老师其后近20年的学术生命起了决定性的作用。

怎样才能使小城镇成为农村的政治、经济、文化、教育和服务的中心？这些都是费老师调查研究计划中的新课题。1983年12月，他调查了苏州、无锡、常州、南通四市，看到它们在近年农村经济发展上占江苏前列，江苏在全国经济发展上又占前列，认为使这些地区农民富裕起来的主要因素，是农村经济结构发生变化。江苏全省农、副、工三业各以不同的速度逐年增长，其中农产品产量的增长率约为4%，乡镇工业产值增长率约为90%，展示了社会主义建设中一种崭新的特点：中国社会基层的工业化是在农业繁荣的基础上发生发展的，而且又促进了农业发展，走上现代化的道路。

他在调查报告中指出，实行几亿农民离土不离乡，积极发展乡镇企业，具有战略意义。江苏在"十年动乱"中被"逼上梁山",找到了发展乡镇工业的道路。农村剩余劳动力寻找出路,是乡镇工业发生和发展的内在因素。乡镇工业是农村剩余劳动力以新的劳动手段与新的劳动对象相结合的产物。小城镇提出了这样一个大问题,对探索中国式的现代化道路有密切的关系。

1984年5月,费老师对苏北的徐州、连云港、盐城、淮阴、扬州等五市的乡镇企业和小集镇调研后,看到各县工农业总产值中工业与农业的比例为 工7农3,于是提出小城镇发展的路子是"有农则稳,无工不富,无商不活,有智则进"。

1984年底,费老师两次调研联结南京、镇江、扬州这三个城市的一片狭长的三角地区,在《小城镇——苏北初探》之后的《小城镇 新开拓》一文中,分析了三角地区的经济、社会发展特点及其发展趋势,窥见到农村、小城镇、大中城市紧密联结和农村经济、乡村工业、城市经济互相交融的前景,认为这对小城镇研究提出了更高的要求。他说,镇江四县的工农业产值比例高于苏北,接近苏南,南京五个郊区县平均工业产值比扬州与镇江低一倍,停留在苏北的一般水平上,可见,南京、镇江还没有充分发挥其带动整个区域经济协调发展的中心作用,蕴藏着相当大的潜力;南京、镇江、扬州地区经济发展水平居中,已显示出由封闭开始走向开放的特点,标志着一个区域性城乡经济协调发展的新时期的到来。

费老师在文章中论证,乡镇企业所进行的市场调节的经济活动,基本上是一条满足城乡生产、生活需求,按照客观经济规律办事的路子,为社会主义城乡经济的发展做出了贡献;真正的计划经济与市场调节的商品经济并没有对立起来,而是统一的、和谐的,正因为两者统一,才出现城乡经济协调发展的崭新局面。

他分析道,在区域经济协调发展的基础上,乡镇工业是城乡新联结的环节,而主宰这个环节的是农村中涌现出来的各种各样的企业人才。他们在一个乱世的年头机遇般地将城市与乡村、知识和技能结合了起来,乡镇企业的热心人与能人转化为各种专业人才,克服企业在资金、原料、设备、技术、经营管理、产品推销等方面的一道道难关。这批专业化管理人才的一个共同特点是:有眼光,能选择市场上适销对路并具有越拓越宽的发展前景的产品;有胆略,具有自己创造条件的主动精神,不按部就班地消极等待;有魄力,能够大踏步地进取;有干劲,肯下苦工夫,迅速学会他们不懂的东西。这样的人才,是经济活动的实践逼出来的,是在普通的企业竞争、产品竞争中造就的。他们不仅懂生产实践,而且懂得现代管理方法这个系统工程,懂得有关生产、销售、分配、消费的再生产的四个环节,以及市场、价值规律等经济学知识。

文章论述了乡镇企业在经营管理上的主要特点：（1）具有相当的灵活性，"一切决定于市场，一切为了用户"是乡镇企业的经营方针；（2）企业有了相当大的自主权，直接的生产过程完全由企业作为独立的商品生产者自行支配；（3）层层实行了承包责任制，责、权、利分明，尝罚分明，充分调动了广大职工的积极性；（4）实行科学管理，主要是目标管理、全面质量管理、价值工程、线性规划等，现代管理方法在一些先进企业中已经开始实行。

1986年，费老师发表《小城镇研究的新发展》。他由小城镇的定性研究延伸到大规模的定量研究，上升到一个更高的层次，对江苏省不同区域内7个县(区)的190个小城镇作了比较全面的一次性统计调查，随即去了浙江温州、甘肃定西、临夏和内蒙古、青海调查，在更大范围内作比较研究。他指出，乡镇经济已有不同的发展模式："苏南模式"，"无工不富"；"温州模式"，"以商带工"，带有全国性的普遍意义，它提供了一个民间自发的遍及全国的小商品大市场，直接在生产者和消费者之间建立起一个无孔不入的流通网络。两种模式的相同点是人多地少，不同点是苏南的乡镇工业模式是在公社集体经济的底子上出现的，依靠农业的集体积累，城市的技术、设备的支持，工农业发展基本上是协调的，"温州模式"中，传统的经商和工匠在个体经济合法后便脱颖而出。

费老师关于小城镇的研究，是以城乡关系为主题，以小城镇为纽带，沿两个方面发展：一是横向发展，即从江苏进一步发展到全国性的比较研究；二是纵深发展，即从农村 — 小城镇 — 中等城市 — 大城市以至到整个城乡关系的综合研究。

他把全国大体分为三个部分进行调查研究，第一是东部沿海发达地区，第二是中部地区，第三是西部边远待开发地区和少数民族地区。进一步还要走向国际间的比较研究：发达国家工业化初期的特点，工农关系、城乡关系、其他各种关系是如何变化的？还要研究第三世界各国工业化的情况，并和我们作对比分析。进行国际性比较，可以看出不同国家发展道路的特点，不同的道路间又有些什么共同的规律性东西，以资借鉴。

费老师研究小城镇兴起这个大问题，在各地考察了15年，"跑一趟，写一篇"，1994年汇编成《行行重行行》一书，近50万字，基本描述各地走上乡镇企业这条路的各种"模式"，如"苏南模式"、"温州模式"、"民权模式"、"珠江模式"等，作为比较研究的主要依据。1994年7月，他发表《小城镇的发展在中国的社会意义》，随后，又在《小城镇四记》中作了阐述，确乎是知类通达，闻善必宣。

特别值得珍视的是，费老师在1995年作了《小城镇研究十年反思》，检讨对小城镇这个大问题研究之不足:"没有能在小城镇这个课题上有始有终地坚持岗位,深入阵地,清理总结,以致身逢盛世,浅尝辄止,泛泛其论,没有能紧紧抓住主流,把这段生动的历史切切实实地写下来。未能由表入里,没有从本质上点明小城镇兴起的根由,这是改革开放引入社会主义市场经济的必然结果。画龙而没有点睛,不能不承认功底不到家了。辜负了时代给我的机遇,应是我一生的憾事。几年前写下'皓首低徊有所思,纸短才疏诗半篇',实在是我由衷的自疚。"

费老师的"反思"不仅只此。在他的反思文集《从实求知录》、《学术自述与反思》,以及后来的《从反思到文化自觉和交流》等一系列的反思文中,莫不光明磊落,虚怀若谷,近善惧其不及,勇于对着自己的弱点开刀,毫无掩饰地解剖自己。

费老师不断反思的意义在于:回头看过去的一生,总觉得头脑里的许多想法总是说不完也说不清楚。时代在前进,生命还没有结束,越来越觉得不断反思的重要。不突破原有的思想框框,也不容易产生新的看法和去注意接触新的事物。客观世界不断发展变化,自己的思想一旦凝固,那就必然会跟不上时代的步伐,落后了就会被淘汰。他说,我年纪越老,这种警惕性也就越敏锐。

中华传统文化看重"人贵有自知之明"。费老师反思之所贵,在于他全心全意为实现"志在富民"这一崇高目标而不断追索自问,悟往失以精来鉴是也。

(八)发展区域经济,为富民强国献策

费老师从1936年起始的学术生涯,从研究一个社会细胞——家庭起步,从一个农村开始,到一个集镇,然后扩大到一个县、市、省(区),最后进到区域经济发展的研究。他毕生呕心沥血,为富民强国建言献策。

关于社区研究的概念与方法,费老师是早在1933年上大学期间就接受了的。从1938年到1946年这8年间的调研工作,是其社区研究的实验阶段。直到1978年第二次学术生命开始,他才得以继续从事社区研究工作。

费老师反思,长期以来,社区研究的主要缺点是"只见社会不见人",着眼于发展模式,但没有充分注意具体的人在发展中是怎样思想,怎样感觉,怎样打算。虽然看到现在的农民饱食暖衣、居处宽敞、生活舒适了,也用了他们收入的增长来表示他们生活变化的速度,但是他们的思想和感情、忧虑和满足、追求和希望都没有说清楚,原因是注意力重在社会变化,而忽视了相应的人的变化。

1980年,费老师在《社会学与企业管理》、《与医学心理学者谈社会学》里讲道,这段时间已经改变了研究成果中没有摆脱"只见社会不见人"的缺点,改变了

一些原来对个人与社会关系的看法，不再强调社会是实体、个人是载体的论调，进一步认识到社会和人是辩证统一体中的两面，在活动机制里是互相起作用的；社区研究必须提高一步，不仅需要看到社会结构，而且还要看到人，也就是要进行心态研究，要发挥人特有的自觉能力，成为自然演化的一种动力；人类社会是不断发展的，表现为生产力的不断增长，就得有意识地把中国社会潜在的生产力开发出来，提高人民的生活水平，使生产力切实成为社会发展的基本动力。他认为这种社区研究是应用社会学，是一门为人民服务的社会科学。

80年代前四年，费老师主要是在江苏考察农村和小城镇。看到全国农民真正在经济上翻身的只限于沿海的长江三角洲、浙江温州、福建侨乡以及珠江三角洲，其他地方为什么没有较快地发展起来？他认为，东西差距是一个有关大局的问题。从1984年起他开始边区研究，到内蒙古和大西北进行社会调查，提出了"以东支西，以西资东，互惠互利，共同繁荣"的意见。

1987年，他提出甘肃、宁夏与青海的海东地区建立一个经济协作区，发展农牧两大区域之间的贸易，进而由民盟中央提出第一个方案：《关于建立黄河上游多民族开发区的建议》。其中心内容是要把甘肃、青海两省和宁夏、内蒙古两个民族自治区沿黄河上游两岸的地区，利用该地区丰富的水电和矿产资源，建成一个我国西部的能源和原材料基地。这个书面意见，很快得到中共中央的采纳，取得了一定的实效。

接着，他又向中共中央提出第二个方案：《关于建立黄河三角洲开发区的设想》。

第三个有关我国地区发展战略的方案是：《建立长江三角洲经济开发区的初步设想》。其主要内容是以上海为龙头，江浙为两翼，建立一个能带动长江流域腹地的经济开发区，通过长江和陇海铁路这两大动脉把长江三角洲和西部原材料基地及三线所蕴藏的科技力量相沟通，加速发展外向型经济，进一步改革开放，形成一条横贯大陆的脊梁。这样，上海应该在更高层次上成为全国的贸易、金融、信息、运输、科技的中心。换言之，上海应在经济上成为江浙及沿江城市工农业商品的总调度室或总服务站。那么，上海就将是一个具有广大腹地的"香港"。上海可以利用并充分发挥、发展自己的优势，这个经济布局远胜于香港；在上海建一个"大陆上的香港"，沿海和腹地都能活起来，再加强文化教育、民主与法制建设，整个国家就会更有生机、更有希望了。上述建议交出后，中共中央最高领导人约费老恳谈，取得共识。

1988年，在《珠江模式的再认识》中，他提出了以香港为中心的三个环形带的区域格局，研究了珠江三角洲区域发展的方向，明确了港、珠经济一体的观点。

1990年，他提出了《建立长江三角洲经济开发区的建议》。

1991年，他开始了以发展山区经济为重点的研究计划，首先走访了四川、云南两省接界的大小凉山，提出了采取"一点一线一面"的发展方针，即以攀枝花的工业中心为启动力，联合凉山彝族自治州开发成昆铁路一线的丰富资源，开辟通向东南亚的南方丝绸之路，来推动西南云贵高原的全面发展。

1992年，他更具体地提出了以上海为龙头，江浙为两翼，长江为脊梁，以南方丝绸之路和西出阳关的欧亚大陆桥为尾闾的宏观设想。

至此，综合过去有关区域发展的建议，其探索已逐步接近"全国一盘棋"的整体设想。

1992年，费老师在《沂蒙行》中说，看到日照建港，它处在新欧亚大陆桥东端的桥头堡的战略地位，欣喜地祝愿"东海日出，光照亚欧"。

在大好形势下，费老师抓住一个重要课题"小康之后"的研究。他严肃论述，小康水平是我国经济上必要的立国基础，没有这个小康水平，我们这个国家是站不住的。这是现代化中国的经济起点。小康之后的首要任务，在经济上是要抓紧继续发展，赶上世界先进水平。因此还必须节衣缩食、勤俭治家，以加速积累、加大投入来促进生产。在解决了温饱之后，决不能产生自满自足思想。小康之后，适应于现代化的精神文化建设必然显得更为重要了。生活有了保障，就更有条件考虑到应当做什么样的人的问题了，人生的价值问题就提到必须解决的议程上来了。我们做社会研究工作的人，必须重视人们心态的现象和变化，心态研究必须和生态研究并重，以适应物质文化和精神文化同步发展的现实。

1993年，费老师把缩小南北差距的问题提到调研日程。在《沧州行》一文中，他提出环渤海湾地区的城市有大连、唐山、天津、沧州、滨州、东营、烟台、威海等，其中沧州、滨州、东营经济力量相对薄弱，要积极建设市场，以商促工，促进生产力发展同时，要为黄骅港开辟一个大腹地，神黄铁路全长820多公里，是西煤东运的第二条铁路通道，应面向沧州地区以至整个河北省，南连徐、淮，西出太行，把黄骅建成一个对外对内贸易的商埠。

他在文章中提出东部发展的大思路，指出，与华南、华东两个经济区相对应，应该建立华北、东北、西北等经济区。他说，要成为一个经济区，必须有一个中心，天津是华北经济区的候选对象，天津地理位置优越，资源丰富，交通、通讯发达，有港口，有较强的工业基础，有丰富的智力资源。费老师在《天津献策》、

《再话天津》等文中提出，天津的发展，应放进一个更大的区域里去考察，"联合京冀，强化腹地，利用良港，创建北方经济中心"；要使天津成为第一流的城市，必须从发展华北这片资源丰富的大地上着眼，要把自身的开发和强化腹地的中心作为推动力；腹地的开发和强化，关键是让老百姓发展生产，增加收入，可以采用中部地区的农民大搞庭院经济、发展乡镇企业的路子，依靠天津先富起来；天津要利用良港，"追赶上海，追赶浦东"，作为发展滨海新区的目标；京、津、冀三家联手，就有希望成为华北的经济中心了。这就有利于缩小华北与华东、华南的差距，实现南北平衡，我们国家的发展就会走上一个新的台阶。

他又指出，中国下一步的大发展面临严峻的挑战：东边有出海口，也有挡路虎，一个是日本，还有东南亚的几只"小老虎"，再说东边面对的是一个发达的世界。我们需要开辟一个真正的大市场，找到一个大出路，开拓洲际经济是我们的方向；我们的对外贸易不一定都要集中在美国、日本这样的地方，可以向南美、非洲这样的发展中国家和地区开拓市场。就是说，我们发展的空间，宜于选择一些经济发达程度比我们低一些的地方。这空间就在欧亚大陆桥的西边，西边的市场大得很，那里非常需要我们的轻工业产品。中国应该充分利用大陆桥来发展自己，这篇文章要好好做一做。

东北经济区是费老师考察研究的又一个重要课题。回顾历史，帝俄时期，他们想以哈尔滨为中心建一个东北亚的圣彼得堡，修中东铁路，出海口是海参崴。在21世纪到来之后，东北亚必将成为中、俄、日、韩、美经济竞争的一个热点。牡丹江就是这个竞争中的前哨阵地，它应该尽快发展起来，形成实力强大的城市，成为与海参崴对峙的力量，与珲春成犄角之势。我们要有紧迫感，尽快把东北经济发展起来，使我们将来在各国共同开发东北亚的经济活动中能够占一份，而且是比较大的份额。这是费老师于1985年8月11日在《哈尔滨讲话》中发出的亟切呼唤。

随后，他在《黑龙江行》里针对该省土地辽阔、农业资源和矿产资源都很丰富的独特优势，提出当前摆在黑龙江省广大群众和干部面前的任务，就是怎样尽快地从一个传统的农业地区走出一条工业化的路子来，就是让农民从农业里走出来，向发展工业的方向前进，使黑龙江不仅是农业的强省，而且是一个以现代化工业建立起来的实力充沛的强省。怎样从农业里长出工业来，这也是费老师一生在努力研究、探索的课题。

1993年6月，费老师在《泰安讲话》和以后《在国际幼儿教育会议上的讲话》、《跨世纪发展战略研讨会上的发言》中反复论述"全局着眼，富民着手，增强实力，加快发展"的基本观点。

他着重指出，现在我们的经济要同国际性的集约经济接轨，可是我们还处于水平较低的地位；在现代科技水平下，光靠人多来维持我们民族的生存是很困难的，有人及时提出"球籍"问题是很有道理的，必须要有经济的大发展，要有生产力的大提高，面对差距，要迎头赶上；我们的经济、文化水平，必须向世界的高水平看齐，不能落后，落后就得受人欺负。

他说，纵观世界，"冷战"结束后，动荡的国际局势进入了一个新阶段，进入了一个新的世界规模的"战国时代"。在今后的世界舞台上将演出一场精彩的"合纵"、"连横"的话剧。在今后一段比较长的时期里，大国之间将展开一场更激烈的经济竞赛，这场竞赛将使大国之间的矛盾愈加复杂、愈加严重。但是，这场竞争又是在各国人民要求经济发展、提高生活水平，要求和平共处这样一个总的呼声中进行的，所以就决定了在今后的竞赛中不大可能使用武力来解决矛盾。

他说，在世界大格局中，中国的迅速崛起，引起了一些大国主义、霸权主义者的恐慌，他们千方百计妄想阻挠和抑制中国的发展。所以我们在国际上面临一场激烈而又复杂的遏制与反遏制的斗争。在这场我们还没有丰富经验的国际斗争中，我们既要站稳立场，又要注意策略。

他说，明确认识中国在世界大格局中所处的位置，就可以清楚地看到中国今后肩负的责任。要担负起这个责任是不容易的，千头万绪，最重要的就是要尽快增强我们的综合国力，这样才能在世界上发挥我们应有的作用。

（九）尾语

费老师革命人生给我们的启示，我领会有两点。

探索真理、论证真理。他从实求知，万水千山行重行，九州将历遍，用毕生心血和汗水写成一部"志在富民"的革命史诗。它是一支交给后人的燃得十分光明灿烂的火炬。

献身真理。他经受着残酷的苦难，忍辱负重，义无反顾，承做一切，身体力行，"老来不慕田归乐，随众奔波为国谋"，殚精竭虑，建言献策，领一代英杰风骚。

阳春德泽，良师永在。是以为记。

（李开鼎）

费孝通获奖情况：

1980年，在美国丹佛获国际应用人类学会马林诺斯基（Malinowski）荣誉奖，并为该会会员。

1981年，在英国伦敦接受英国皇家人类学学会颁发的赫胥黎（Huxley）奖章。

1982年，英国伦敦大学经济政治学院授予荣誉院士称号。

1987年，获美国不列颠百科全书奖。

1993年，获日本福冈该年度亚洲文化大奖。

1994年，获菲律宾拉蒙麦格塞塞"社会领袖"奖。

1998年，获霍英东杰出贡献奖。

费孝通主要论著：

1.《禄村农田》，商务印书馆，1943年版。

2.《内地农村》，上海生活书店，1946年版。

3.《初访美国》，生活书店，1946年版。

4.《民主·宪法·人权——作之民》，生活书店，1946年版。

5.《乡土中国》，观察社，1947年。英译本，*From the Soil*（Gary G. Hamilton 译），University of California Press, 1992.

6.《乡土重建》，观察社，1947年版。

7.《生育制度》，商务印书馆，1947年版。

8.《民族与社会》，天津人民出版社，1981年版。

9.《从事社会学五十年》，天津人民出版社，1983年版。

10.《社会学的探索》，天津人民出版社，1985年版。

11.《论小城镇及其他》，天津人民出版社，1986年版。

12.《社会调查自白》，知识出版社，1985年版。

13.《小城镇四记》，新华出版社，1985年版。

14.《边区开发四题》，浙江人民出版社，1986年版。

15.《边区开发与社会调查》，天津人民出版社，1987年版。

16.《费孝通民族研究文集》，民族出版社，1987年版。

17.《费孝通学术精华录》，北京师范学院出版社，1988年版。

18.《中华民族多元一体格局》，民族出版社，1989年版。

19.《行行重行行——乡镇发展论述》，宁夏人民出版社，1992年版。

20.《逝者如斯——费孝通杂文选集》，苏州大学出版社，1993年版。

21.《人的研究在中国》，天津人民出版社，1993年版。

22.《学术自述与反思：费孝通学术文集》，北京三联书店，1996年版。

23.《从实求知录》，北京大学出版社，1998年版。

24.《费孝通文集》第1~16卷，群言出版社，1999、2001、2004年版。

25.《论人类学与文化自觉》，华夏出版社，2004年版。

26. *Peasant Life in China*, London, Routledge, 1939. 中译本《江村经济——中国农民的生活》，戴可景译，江苏人民出版社，1986年版。

27. *Earthbound China*, Chicago University Press, 1945. 中本《云南三村》，天津人民出版社，1990年版。

28. *Chinese Gentry*, Chicago University Press, 1945.

29. *Toward a People's Anthropology*, Beijing, New World Press, 1981.

30. *Chinese Village Close-up*, Beijing, New World Press, 1983.

31. *Small Towns in China*, Beijing, New World Press, 1986.

31. *Rural Development in China*, Chicago University Press, 1987.